税務のわかる
弁護士が教える

相続税業務に役立つ民法知識

弁護士・税理士 谷原 誠 [著]

ぎょうせい

はじめに

　国税庁の発表によると、2016（平成28）年分の相続税の納税者となった相続人数は、23万8,550人とのことです。相続税法の改正により、2015（平成27）年1月1日以後に開始する相続については、基礎控除額が引き下げられ、課税対象者の範囲が広がりました。それに伴い、相続税業務専門の税理士のみならず、法人税業務を主たる業務とする税理士にも、顧問先等から相続に関する相談が増加していると聞きます。

　税理士が相続税業務を受任し、相続税申告書の提出・納付を完了させるまでには、様々な事柄について調査し、様々な事務を処理しなければなりません。相続は、被相続人の財産を承継していくプロセスですから、実体法の影響を強く受けます。ただ単に、相続税法に従って事実のあてはめを行うだけでは、相続税業務を行うことはできません。特に、相続は、民法の相続編に従って法律効果が決まりますので、民法を知らなければ相続税業務を行うことができない、と言ってもよいでしょう。

　税理士は、税務の専門家ですから、全ての法律を知っておく必要はありません。しかし、課税要件に該当するかどうか判断するに際し、他の法律の適用がある場合には、当該法律を調査しなければいけません。

　かといって、税務を専門にする税理士が、民法の専門書を通読するのはかなりの労力を要します。税理士が日常的な業務と並行して民法相続編の知識を得る機会は多くありません。

　そこで、本書では、税理士が相続税業務を行う上で必要となる法的知識を整理し、税理士業務に役立てることを目的として執筆しました。

　内容としては、相続税業務に必要な民法相続編に関する解説をします。途中、実体法に伴って生じる税務上の基本的な知識も整理します。また、相続税業務で注意義務を怠った場合には、時として高額の損害賠償請求

を受けることがありますので、税理士損害賠償に関する裁判例も紹介します。ただし、相続税の申告における財産評価については、説明を省きました。

　さらに、2018（平成30）年7月6日に「民法及び家事事件手続法の一部を改正する法律」（改正相続法）、及び「法務局における遺言書の保管等に関する法律」が成立し、同年7月13日に公布されました。改正相続法は、一部を除き、2018（平成30）年7月13日（公布の日）から起算して1年を超えない範囲内において政令で定める日から施行されます。「法務局における遺言書の保管等に関する法律」は、2018（平成30）年7月13日（公布の日）から2年を超えない範囲内において政令で定める日から施行されます。

　改正相続法では、配偶者居住権や預貯金払戻制度など、新しい制度も規定されています。法律の専門的事項については税理士に助言義務がないとしても、税務に関連する事項は助言義務が生じてきます。相続税業務を行う上では、改正相続法についても知識を整理しておく必要があります。そこで、1章を設けて、改正相続法についても解説をすることとしました。

　本書が、税理士にとって、相続税業務を行う上での一助となることを願っております。

　平成30年9月

谷原　　誠

CONTENTS

はじめに ─────────────────────────── i
相続税申告までのスケジュール ──────────── vii

第 1 章　遺言書の確認

| 1 | 遺言の意義と性質 ─────────────── 2
| 2 | 遺言でできること ─────────────── 5
| 3 | 遺言の方式 ───────────────── 6
| 4 | 普通方式遺言と特別方式遺言 ──────── 7
| 5 | 遺言の変更 ───────────────── 16
| 6 | 遺言の証人・立会人の欠格者 ──────── 18
| 7 | 共同遺言の禁止 ──────────────── 18
| 8 | 家庭裁判所による遺言書の検認 ─────── 19
| 9 | 遺言の無効・取消し・失効 ────────── 20
| 10 | 死因贈与 ────────────────── 23
| 11 | 遺産分割方法の指定 ──────────── 24
| 12 | 遺贈 ───────────────────── 26
| 13 | 「相続させる」旨の遺言 ──────────── 33
| 14 | 受遺者の権利・義務 ──────────── 38
| 15 | 遺言の撤回 ──────────────── 38
| 16 | 遺言執行者 ──────────────── 41
| 17 | 相続税申告後の遺言の発見等 ──────── 44
| 18 | 信託を利用した場合の課税関係 ─────── 44

第 2 章　相続人の確定

| 1 | 相続人の範囲 ───────────────── 48
| 2 | 相続人の不存在 ──────────────── 55
| 3 | 相続税の納税義務者 ──────────── 58
| 4 | 相続税における基礎控除 ─────────── 64
| 5 | 配偶者控除 ───────────────── 65
| 6 | 未成年者控除 ──────────────── 67
| 7 | 障害者控除 ───────────────── 67
| 8 | その他の相続税法上の控除 ──────── 68

9	相続時精算課税制度	69
10	納税猶予制度	71
11	贈与税の申告内容の開示制度	71
12	節税対策で税理士が損害賠償命令を受けた事例	72

第 3 章 相続の承認・放棄

1	単純承認	74
2	相続放棄	77
3	限定承認	80

第 4 章 相続財産の確定

1	一身専属的権利義務	86
2	祭祀承継	87
3	死亡保険金	87
4	死亡退職金・遺族給付金	90
5	香典・葬儀費用	90
6	債権・債務	91
7	金銭	92
8	預金債権	93
9	賃料	94
10	株式・投資信託受益権・国債	94
11	即死による損害賠償請求権	95
12	海外財産	96
13	保証債務	97
14	納税義務	98
15	契約上の地位	99
16	名義財産	100
17	税務における「みなし相続財産」	100
18	生命保険金が相続財産とみなされる金額	101
19	生命保険金の課税関係	102
20	相続財産とみなされる退職手当金等	102
21	課税価格に含まれる贈与	103

22	小規模宅地等の特例	104
23	相続税における非課税財産	105
24	相続税の基礎控除と税率	107
25	財産評価の基準時	108

第5章 相続分

1	法定相続分	110
2	指定相続分	111
3	特別受益	112
4	特別受益と相続税	117
5	寄与分	118

第6章 遺産分割

1	協議分割	123
2	調停分割	127
3	審判分割	129
4	共同相続人の一部が行方不明の場合の処理	132
5	遺産分割の効力	132
6	未分割申告	134
7	遺産分割前の共有不動産での居住	134
8	遺産分割に関する相続税申告の錯誤	135
9	相続分の譲渡	136
10	遺産分割への関与と弁護士法第72条	137

第7章 遺留分

1	遺留分とは	142
2	遺留分減殺請求の行使方法	143
3	遺留分減殺の順序	144
4	遺留分減殺請求権の効力	145
5	遺留分の基礎となる財産	147
6	遺留分侵害額の計算	149
7	生命保険と遺留分	151

8	相続税申告後に遺留分減殺額が確定した場合の処理	151
9	経営承継円滑化法	152
10	消滅時効	154

第8章 財産分離・相続回復請求権

| 1 | 財産分離 | 158 |
| 2 | 相続回復請求権 | 160 |

第9章 相続法改正

1	相続法改正の概要	162
2	配偶者居住権	163
3	配偶者短期居住権	168
4	持戻し免除の意思表示の推定	174
5	預貯金の仮払い仮処分要件の緩和	177
6	預貯金払戻制度の創設	179
7	遺産の一部分割	180
8	分割前における遺産の処分	181
9	自筆証書遺言の方式緩和	182
10	法務局による保管制度	185
11	遺贈の担保責任	187
12	遺言執行者の権限	187
13	遺言執行者の復任権	190
14	遺留分侵害額請求権	191
15	相続の効力	194
16	特別の寄与	197
17	改正相続法等の施行について	199

資料編

1	法務局における遺言書の保管等に関する法律	202
2	民法(明治29年法律第89号)の一部改正	210
3	家事事件手続法(平成23年法律第52号)の一部改正	236

相続税申告までのスケジュール

　相続税申告代理業務を受託した場合、相続税申告までのスケジュールは、次のように進んでいきます。

　まず、遺言書の有無を確認し、遺言書が発見された場合には、家庭裁判所で開封・検認の手続をします（公正証書遺言以外）。遺言があれば、遺言の内容に従って遺言を執行し、遺言によって財産を取得した者が相続税の申告をすることになります。

　遺言書がない場合には、遺産分割が必要になりますので、①相続人を確定し、②相続財産を確定し、③遺産分割を行うことになります。遺産分割が成立した場合には、その結果に基づき相続税の申告を行います。

相続開始（被相続人の死亡）
　⬇
遺言書の有無（有）　➡　家庭裁判所の検認　➡　遺言の執行
　⬇
　（無）
　⬇
相続人の調査　　　　➡　相続放棄・限定承認（3ヶ月以内）
　⬇
（4ヶ月以内）　　　 ➡　準確定申告
　⬇
遺産の調査・評価・鑑定
　⬇
遺産分割協議　　　　➡　調停・審判
　⬇
相続税の申告書の作成　➡　納税資金準備　➡　延納・物納の検討
　⬇
相続税の申告・納付（10ヶ月以内）

　そこで、まずは遺言から解説していきます。

第1章 遺言書の確認

1 遺言の意義と性質

　相続は、被相続人の死亡によって開始します（民法第882条）。相続税の申告期限は、相続人が、その相続の開始を知った日の翌日から10ヶ月以内です（相続税法第27条1項）。税理士は、その間に、相続人と相続財産を確定させ、相続税申告に必要な各種調査を行った上で相続税申告書を作成、提出することになります。

　作業はある程度併行して行っていくことになりますが、遺言があるかどうかで遺産分割の要否が異なるので、まず遺言の有無を確認することが必要です。

　遺言は、一定の方式に従って行った単独の意思表示を、その人の死後に実現させるものです。

　日本国憲法により私有財産権が保障されており、人は、生前に自分の財産を自由に処分することができます。それを死後にまで広げたのが遺言制度ということができます。自分の財産を処分するだけの意思能力を備えていることが必要であり、民法では、15歳以上の人が遺言をすることができることとされています（民法961条）。

　遺言があると、被相続人の財産は、相続開始によって、原則として、遺言内容のとおりに実現されることになります。遺留分制度など、一定の制限はありますが、被相続人の意思を尊重する制度です。

　また、遺言は、被相続人の死後の紛争回避にも役立ちます。遺言がない場合には、被相続人の遺産は、遺産分割により分割されます。しかし、遺産分割協議は必ずしも円満に行われるとは限りません。特に遺産に不動産があるような場合には、相続人中誰が不動産を相続するのか、不動産の評価額はどうするのか、などで紛糾することも稀ではありません。

しかし、遺言により、誰がどの遺産を相続するのかを明確にしておけば、遺産分割が不要になりますので、このような紛争を回避することができます。推定相続人の状況によっては、配偶者の生活保障を図ることもできます。たとえば、夫が被相続人であるとし、夫婦に子供がいないとしましょう。そして、夫には兄がいます。この場合、夫が死亡した場合の相続人は、配偶者である妻と兄です。法定相続分は、妻が４分の３、兄が４分の１です。このケースで夫が遺言により全ての遺産を妻に相続させることにしておくと、そのとおりの効果を得られます。遺言をしても、遺留分を侵害することはできませんが、兄弟姉妹には、遺留分がありません。したがって、兄弟姉妹に遺産を渡したくない場合には、それ以外の人に遺言により遺贈などをすることによって、その意思を実現することができます。遺言は、このように、紛争回避の機能も有しています。

　次に、遺言がない場合には、遺産は法定相続人間で遺産分割により分割されます。しかし、被相続人としては、法定相続人以外の人に遺産を渡したい場合もあれば、公益団体に寄付をして公益的目的に遺産を使用してほしい、というような希望がある場合もあります。このような場合にも遺言をしておくことにより、その意思を実現することができます。

　さらに、法的効果ではなく、事実上の効果ではありますが、相続人からの遺留分減殺請求権の行使を抑制する効果があります。たとえば、夫が被相続人であるとして、推定相続人が妻と長男としましょう。遺言により、全遺産を妻に相続させる旨定めたとします。この場合、長男には、遺留分として、遺産の４分の１がありますので、長男が妻に対して遺留分減殺請求をした場合には、遺産の４分の１は、長男のものになります。しかし、遺言により、被相続人が全ての遺産を妻に相続させたい気持ちを切々と綴ったとしたらどうでしょうか。長男が父親の気持ちを大切に

したい、という気持ちを持っていたとしたら、遺留分減殺請求を思いとどまる可能性があるでしょう。このような記載は法律上の記載ではなく、一般に「付言事項」と言いますが、事実上の効果が期待できるものです。

このように、遺言には、
① 被相続人による私有財産の自由処分
② 相続人による紛争回避
③ 遺留分対策
などの機能があると言えます。
また、遺言には、次のような性質があるとされています。

（1）要式行為性

遺言は、遺言者の死後に効力を生じるものであり、遺言の効力発生時に遺言者に真意を確認することができません。したがって、遺言者の真意を明確にし、他人の偽造・変造を防止するために法律で定める要式に従って作成することが要求されています。

（2）単独行為性

遺言は、契約ではなく、相手方のない単独行為です。ただし、死因贈与契約は、贈与者と受贈者による契約です。

（3）本人の独立意思

遺言は、遺言者の最終的な意思を尊重することから、本人の独立した意思が必要であり、代理も許されません。

（4）遺言撤回の自由

遺言は、遺言者の最終的な意思を尊重するため、いつでも撤回することができるとされています。

(5) 死後行為性

遺言は、遺言者の死後に効力を生じるものであり、受遺者は、遺言者の生存中は何らの権利もありません。

(6) 法定事項限定性

遺言は、法定事項に限り、その効力を生じます。ただし、法定事項以外の記載をしてはいけないわけではありません。

2 遺言でできること

遺言でできること（遺言事項）は、法律で決まっています。それ以外のことは、遺言で書いても法的には効力を生じません。ただし、法定事項以外の記載をしてはいけないわけではありません。

遺言事項は、以下のとおりです。

① 身分関係に関する事項
　・認知
　・未成年後見人の指定
　・未成年後見監督人の指定など

② 相続の法定原則の修正
　・推定相続人の廃除、廃除の取り消し
　・相続分の指定、指定の委託など
　・特別受益に関する事項

- ・遺産分割方法の指定、その委託
- ・遺産分割の禁止
- ・遺産分割における共同相続人間の担保責任の定めなど

③　遺産の処分に関する事項
- ・遺贈の減殺に関する定め
- ・遺贈
- ・遺贈の効力に関する定め
- ・一般財団法人の設立など
- ・信託の設定

④　遺言の執行に関する事項
- ・遺言執行者の指定、その委託、遺言執行者に関する定めなど

⑤　その他
- ・その他祭祀主催者の指定、生命保険金受取人の指定、変更など

3　遺言の方式

　遺言は単独の意思表示ですが、遺言の効力が認められるためには、民法に定められた方式に従っていなければなりません。遺言が法定の方式を具備していない場合には、遺言としての効力は生じません。

　遺言には、大きく分けて、①普通方式、②特別方式の2種類があります。そして、普通方式は、さらに、3種類に分かれます。

①自筆証書遺言
②公正証書遺言
③秘密証書遺言

　特別方式は、4種類です。

（ア）危急時遺言
①死亡危急時遺言
②船舶遭難時遺言
（イ）隔絶地遺言
③伝染病隔離者遺言
④在船者遺言

　遺言のほとんどが普通方式で、普通方式によることができないような時に、例外的に特別方式で遺言をすることになります。

遺言の方式

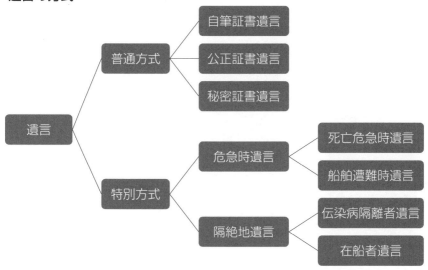

4　普通方式遺言と特別方式遺言

（1）自筆証書遺言

　自筆証書遺言は、遺言者が自筆で遺言を書くことがポイントとなりま

す。法定の方式に従っていれば効力を生じ、証人や立会人も必要ありません。

自筆証書遺言には、次のようなメリットがあります。

① 費用がかからない。
② 自分1人で作成できる。
③ 証人が必要ないので、他人に秘密にできる。

しかし、反対に、次のようなデメリットもあります。

① 自分しか知らないので紛失しやすい。
② 見つけた人が隠してしまう恐れがある。
③ 法律の要件を満たさないと、遺言自体が無効になる。
④ 遺言者の意思能力や本人の意思に基づいたものであるかどうか、など、有効性を争われやすい。

自筆証書遺言が成立するための要件としては、遺言者が次のことを自書することです。

① 遺言の全文
② 日付
③ 氏名

そして、これに④押印することで成立します。

自筆証書遺言での注意点は、以下のとおりです。

（ア）自書について

・全文を自書することが必要です。他人の代筆は無効となります。
・ワープロ、パソコン等での作成は無効です。
・録音や録画による遺言は無効です。
・カーボン紙による複写を有効とした裁判例があります（最高裁平成5年10月19日判決、家月46巻4号27頁）。
・遺言作成時に自書能力が必要とされています。

- 視力や体力の問題で自力で筆記できない場合に、他人の添え手の補助を受けたとしても、他人の意思が介入した形跡がないことを筆跡から判定できる場合には、自書として有効とした裁判例があります（最高裁昭和62年10月8日判決、民集41巻7号1471頁）。

　最高裁は、次のように判示しました。自筆証書遺言が「有効に成立するためには、遺言者が遺言当時自書能力を有していたことを要するものというべきである。そして、右にいう『自書』は遺言者が自筆で書くことを意味するから、遺言者が文字を知り、かつ、これを筆記する能力を有することを前提とするものであり、右にいう自書能力とはこの意味における能力をいうものと解するのが相当である。したがって、全く目の見えない者であっても、文字を知り、かつ、自筆で書くことができる場合には、仮に筆記について他人の補助を要するときでも、自書能力を有するというべきであり、逆に、目の見える者であっても、文字を知らない場合には、自書能力を有しないというべきである。そうとすれば、本来読み書きのできた者が、病気、事故その他の原因により視力を失い又は手が震えるなどのために、筆記について他人の補助を要することになったとしても、特段の事情がない限り、右の意味における自書能力は失われないものと解するのが相当である」

(イ) 日付について

- 何年何月何日なのか、明確に特定が必要です。遺言をした時に遺言能力を有していたことが必要となること、遺言をした後にその遺言と異なる遺言をしたときは、後の遺言と抵触する前の遺言の箇所は撤回したものと見なされるため、いつ遺言をしたのかが重要となること、などが理由です。
- 「2018年3月吉日」は、特定できず、無効となります。
- 「2018年の私の誕生日」は、特定できるので、有効です。

(ウ) 氏名について

・遺言者を特定できるのであれば、通称、雅号、ペンネーム、芸名でも有効とされています。

(エ) 押印

・三文判は有効です。ただし、実印の方が、遺言者の意思が明確であることを立証しやすいと言えるでしょう。

・指印を有効とした裁判例があります（最高裁平成元年2月16日判決、民集43巻2号45頁）。

・花押を無効とした裁判例があります（最高裁平成28年6月3日判決、民集70巻5号1263頁）。花押というのは、署名の代わりに使用される記号・符号を言います。

・遺言書の署名に押印がなく、遺言書を入れた封筒の封じ目に押印があった事例で、有効とした裁判例があります（最高裁平成6年6月24日判決、家月47巻3号60頁）。

　相続法改正により、相続財産の全部または一部の目録を添付する場合には、その目録については自書による必要がない（ワープロ等で可）こととされました。また、法務局による自筆証書遺言の保管制度が設けられました。これらの改正により、自筆証書遺言の利用が促進されると言われています。詳しくは、第9章で解説します。

自筆証書遺言サンプル

※全文、日付け、氏名を自書し、押印する。

遺言書

1　私は、次の土地を、妻甲野花子（昭和〇年〇月〇日生）に相続させる。
　　所在　東京都千代田区一番町
　　地番　〇番〇
　　地積　〇〇平方メートル

2　私は、次の預金を、長男甲野一郎（昭和〇年〇月〇日生）に相続させる。
　　〇〇銀行　〇〇支店　普通預金

平成〇年〇月〇日

　　　　　　　　　　　　　　東京都千代田区一番町〇番地
　　　　　　　　　　　　　　　　甲野太郎　㊞

（2）公正証書遺言

　公正証書遺言は、公証人が関与して作成し、原本が公証役場に保管される遺言です。
　次のような手続で作成されます。
① 証人2人以上の立ち会いで、遺言者が遺言の趣旨を公証人に口頭で

伝えます。
② 　公証人が口述を筆記します。
③ 　筆記した遺言を公証人が遺言者および証人に読み聞かせ、または閲覧させます。
④ 　遺言者および証人が筆記の正確なことを承認し、署名・押印します。
⑤ 　公証人が方式に従って作成したことを付記して署名・押印します。

　実務では、上記①②③については、遺言者が遺言の案文を事前に公証人に交付し、これに基づいて公証人と打ち合わせをして内容を確定させ、公証人が事前に証書を作成しておいて、公正証書作成当日に、遺言者および証人に読み聞かせる、という段取りで作成されることが多いです。

　遺言の公正証書は、3通作成され、原本は公証役場に保管され、正本と謄本は遺言者等に交付されます。公正証書遺言の原本は公証役場に保管されており、遺言者死亡後は、利害関係人は、遺言の有無を検索することができます。

　公正証書には、次のようなメリットがあります。
① 　公証人が関与して作成されることから、遺言者の意思に基づいて作成されたことを証明しやすい。
② 　原本が公証役場に保管されることから紛失・偽造・改ざんのおそれがない。
③ 　家庭裁判所の検認の手続が不要。

　反面、次のようなデメリットがあります。
① 　遺言の内容が証人と公証人に知られてしまう。
② 　作成手数料がかかる。

　被相続人が公正証書遺言を作成していたかどうかが分からないことがあります。

　そのような場合には、公証役場で遺言書の有無等を検索できるシステ

ムがあります。

平成元年（1989年）以降に作成された公正証書遺言についてですが、日本公証人連合会において、全国的に、遺言者のデータ（氏名、生年月日、公正証書を作成した公証人名、作成年月日など。ただし、遺言内容は含みません。）をコンピュータで管理しています。

最寄りの公証役場に行くと、これらを検索することができます。ただし、申請できるのは、相続人等の利害関係人に限られます。

また、相続開始前は、推定相続人であっても何らの権利が発生していないので、申請できません。

遺言検索システムを利用するには、利害関係を証明しないといけないので、除籍謄本、戸籍謄本、自分の身分証明書等が必要となります。

（3）秘密証書遺言

秘密証書遺言は、遺言の内容を誰にも知られたくないときに利用されます。

次のような手続で作成されます。

① 遺言者が、遺言書を作成し、自ら署名・押印します（自書である必要はなく、ワープロでも、他人の代筆でも許されます。また、日付は不要です。）。
② 遺言書を封じ、遺言書に用いた印章で封印します。
③ 遺言書の入った封書を公証人1人および証人2人以上に提出し、自己の遺言書であること、ならびに遺言書の筆者の氏名・住所を申述します。
④ 公証人が、遺言書提出日と遺言者の申述内容を封書に記載します。
⑤ 遺言者・証人・公証人が封書に署名・押印します。

上記の③において、「筆者」を申述することになっていますが、「筆者」

は、必ずしも遺言者本人とは限りません。「筆者」とは、遺言内容の記載を行った者のことです。したがって、遺言者が遺言書の文章を含めて遺言書の作成をほぼすべて他人にゆだねて、当該他人がワープロを操作して遺言書本文を入力・印字した場合は、ワープロを操作して遺言書本文を作成した者が「筆者」となります（最高裁平成14年9月24日判決、家月55巻3号72頁）。

なお、秘密証書遺言が上記の要件を備えていない場合であっても、自筆証書遺言の要件を備えている場合には、自筆証書遺言として有効となります（民法第971条）。

（4）特別方式遺言

自筆証書遺言、公正証書遺言、秘密証書遺言の3つの普通方式の遺言が不可能あるいは著しく困難な場合には、特別方式での遺言が用意されています。特別方式には、

①死亡危急時遺言
②船舶遭難者遺言
③伝染病隔離者遺言
④在船者遺言

があります。

例外的な方式なので、特別方式の遺言は、遺言者が普通方式によって遺言ができるようになった時から6ヶ月間生存すれば、遺言の効力を失います（民法第983条）。したがって、再度普通方式により遺言をすることが必要となります。

また、特別方式の遺言は、遺言作成後一定期間内に家庭裁判所の確認を受けないと、遺言者死亡時にその効力を生じません（民法第976条4項、第979条3項）。

(一) 死亡危急時遺言

疾病その他の事由により死亡の危急に迫った者による遺言です（民法第976条）。

次のように作成します。
① 証人3人以上が立ち会う。
② 遺言者が、証人のうちの1人に遺言の趣旨を口授する。
③ 口授を受けた証人が口授内容を筆記して、遺言者および他の証人に読み聞かせ、または閲覧させる。
④ 各証人は、筆記の正確なことを承認した後に、署名・押印する。
⑤ 遺言の日から20日以内に、証人の1人または利害関係人から請求して家庭裁判所の確認を受ける。

(二) 伝染病隔離者遺言

伝染病のため行政処分によって交通を断たれた場所にいる者による遺言です（民法第977条）。次のように作成します。
① 警察官および証人1人以上が立ち会う。
② 遺言者は、自ら遺言書を作成し（代筆も許される）、遺言者、筆者（いる場合）、警察官、証人が各自、遺言書に署名・押印する。署名・押印できない者がいる場合は、警察官または証人がその事由を付記する。

(三) 在船者の遺言

船舶中にいる者による遺言です（民法第978条）。

次のように作成します。
① 船長または事務員1人および証人2人以上が立ち会う。
② 遺言者は、自ら遺言書を作成し（代筆も許される）、遺言者、筆者

(いる場合)、警察官、証人が各自、遺言書に署名・押印する。署名・押印できない者がいる場合は、警察官または証人がその事由を付記する。

(四) 船舶遭難者の遺言

　船舶が遭難し、その船舶中で死亡の危急に迫った者による遺言です(民法第979条)。
　次のように作成します。
①証人2人以上が立ち会う。
②遺言者が遺言内容を口頭で述べる。
③証人が遺言の趣旨を筆記し、署名・押印する。
④証人の1人または利害関係人から遅滞なく請求し、家庭裁判所の確認を受ける。

5 遺言の変更

　公正証書遺言以外の遺言の場合、次のように遺言を変更できます。
①遺言者は、変更箇所を指示する。
②変更した旨付記し、署名し、変更した箇所に押印する。
　変更の要件を満たさない時は、変更が無効となって、遺言は変更がなかったものとして、元の遺言のとおりの効力を有します。
　公正証書遺言は、原本が公証役場に保管されてしまうので、変更はできず、新たな遺言で遺言を撤回するか、別の遺言をすることにより内容を変更することになります。

自筆証書遺言の変更サンプル

①遺言者は、変更箇所を指示する。
②変更した旨付記し、署名し、変更した箇所に押印する。

遺言書

1　私は、次の土地を、妻甲野花子（昭和○年○月○日生）に相続
　　させる。
　　所在　○○平方メートル
　　地番　○番○
　　~~所在~~㊞　東京都千代田区一番町
　　地積

2　私は、次の~~定期~~預金を、長男甲野一郎（昭和○年○月○日生）
　　に相続させる。
　　○○銀行　○○支店　普通預金

平成○年○月○日

　　　　　　　　　　　　　　　　　東京都千代田区一番町○番地
　　　　　　　　　　　　　　　　　　　甲野太郎　㊞

付記
本文五行目弐字削除、弐字加入　　甲野太郎
本文六行目弐字削除　　　　　　　甲野太郎

6 遺言の証人・立会人の欠格者

遺言で証人や立会人が必要な場合、次の者は証人や立会人になることができません（民法第974条）。

① 未成年者
② 遺言作成時の推定相続人および受遺者
③ ②の配偶者および直系血族
④ 公証人の配偶者、4親等内の親族、書記、使用人

欠格者が証人や立会人になった結果、法律の要件を満たさなかった場合は、遺言は無効になります。

7 共同遺言の禁止

2人以上の者が同一の証書で遺言をすると、遺言が無効になります（民法第975条）。

夫婦で1通の証書に遺言をするような場合です。

共同遺言のサンプル

> 遺言書
>
> 1　私たち2人が所有する全ての遺産は、長男甲野三四郎に相続させる。
>
> 平成〇年〇月〇日
>
> 　　　　　　　　　　　　　東京都千代田区一番町〇番地
> 　　　　　　　　　　　　　　　　甲野太郎　㊞
> 　　　　　　　　　　　　　東京都千代田区一番町〇番地
> 　　　　　　　　　　　　　　　　甲野花子　㊞

8　家庭裁判所による遺言書の検認

　遺言書が発見された場合には、公正証書遺言以外の遺言書については、家庭裁判所による検認の手続をする必要があります。相続開始を知った後、遺言書を発見した者は、遅滞なく、遺言書を家庭裁判所に提出して、検認の請求をしなければなりません（民法第1004条）。

　家庭裁判所の管轄は、被相続人の最後の住所地を管轄する家庭裁判所です。遺言書が封印されているときは、相続人またはその代理人の立ち会いを得て、家庭裁判所において開封される必要がありますので、勝手に封印を開封してはいけません。

　家庭裁判所以外で開封したり、検認手続を得ないで遺言を執行した場合は、5万円以下の過料の制裁があります（民法第1005条）が、遺言

が無効になるわけではありません。

　家庭裁判所による検認の手続は、証拠保全を目的とするので、遺言書の有効性や効力については判断されません。遺言書の有効性に疑問がある者は、検認手続後、訴訟等で争うことが可能です。

　遺言書を保管又は発見した相続人の中には、遺言書に自己に不利な内容が書いていることを理由に、遺言書を破棄または隠匿しようとする人がいますが、遺言書の偽造、変造、破棄、隠匿は、相続人の欠格事由に該当します（民法第891条5号）。依頼者が遺言書を発見した旨相談された時は、税理士としては、以上のことを説明し、家庭裁判所の検認を得ることを助言する必要があります。

　相続法改正により新設された法務局による自筆証書遺言の保管制度が利用された場合には、検認は不要となります。

9　遺言の無効・取消し・失効

　遺言は、意思表示なので、一定の事由があるときは、その遺言は、無効となり、または取り消しの対象となります。以下に説明します。

（1）方式違背

　遺言は、一定の方式を備えることが要件とされていますから、法律で定められた方式に違反するときは、その遺言は無効です。ただし、ある遺言の方式に違反して無効とされていても、他の遺言の方式を満たしているときは、他の遺言として有効となる余地があります。たとえば、秘密証書遺言として作成したにもかかわらず、証人の人数が足りずに無効となった場合でも、自筆証書遺言としての方式を具備している場合には、

自筆証書遺言として有効となります。

（2）遺言能力を欠く場合

　満15歳に達しない者による遺言は無効です（民法第961条）。満15歳に達していても、意思表示である以上、意思能力のない者のした遺言は無効となります。高齢で意思能力に不安がある場合には、医師の診断書等を取得し、意思能力に関する証拠を揃えておくことも検討することになります。他にも、時間の経過とともに廃棄の可能性のある看護記録やカルテ等も取得しておくことも検討します。認知症の進行を判断するには、長谷川式認知症スケール等もありますので、状況に合わせて判断します。

　また、遺言者と面談して打ち合わせするような機会があるのであれば、その面談時の会話を録音し、または録画等をしておくことも遺言能力の立証にとって有効です。

　東京地裁平成29年6月6日判決（判例時報2370号68頁）は、アルツハイマー型認知症を発症していた被相続人が公正証書遺言をした事例において、長谷川式認知症スケールや医師の意見書、日常の行動などを検討した上で、遺言の当時、遺言能力がなかったとして、公正証書遺言を無効としました。

　成年被後見人は事理を弁識する能力を一時回復していることを証明する2人以上の医師の立ち会いを得て遺言を行うことができます（民法第973条1項）。この場合、立ち会った医師は、遺言者が遺言をする時において精神上の障害により事理を弁識する能力を欠く状態になかった旨を遺言書に付記して、これに署名し、印を押さなければなりません。ただし、秘密証書遺言の場合には、その封紙にその旨の記載をし、署名し、押印しなければなりません（同条2項）。

被保佐人は、保佐人の同意なしに遺言することができます（民法第962条）。

（3）意思表示に瑕疵がある場合

遺言者の遺言が錯誤によるものである場合には、無効となります（民法第95条）。また、第三者の詐欺または強迫により遺言したものである場合には、遺言者は、遺言を取り消すことができます（民法第96条）。

（4）遺言の内容に瑕疵がある場合

遺言の内容が公序良俗や強行法規に違反する場合には、その遺言は無効となります（民法第90条）。また、遺言の内容の解釈ができない場合には、その遺言の内容を実現できないので、無効です。

（5）被後見人による遺言

被後見人が、後見人の後見の計算終了前に、後見人またはその配偶者もしくは直系卑属の利益になるような遺言をした場合には、その遺言は無効となります。ただし、後見人が直系血族、配偶者または兄弟姉妹である場合は除きます（民法第966条）。

（6）受遺者の死亡

遺贈は、遺言者の死亡以前に受遺者が死亡したときは、その効力を生じません。停止条件付遺贈の場合には、受遺者が条件成就前に死亡したときも、効力を生じません。ただし、遺言者が反対の意思を遺言に表示したときは、それに従うことになります（民法第994条1項、2項）。

（7）目的物の不存在

遺贈は、遺贈の目的である権利が、遺言者の死亡の時において相続財産に属しなかったときは、効力を生じません。ただし、その権利が相続財産に属するかどうかにかかわらず、遺贈の目的としたときは、その意思に従うことになります（民法第996条）。

（8）特別方式遺言の失効

特別方式による遺言は、遺言者が普通方式による遺言をすることができるようになった時から6ヶ月間生存するときは、その効力を生じません（民法第983条）。

10 死因贈与

贈与者の死亡によって、贈与者の財産を無償で受贈者に与える契約を死因贈与契約といいます。贈与者の死亡後の財産を処分するという意味で遺言と同趣旨の法律行為であることから、遺贈に関する規定が準用されています。まず、贈与者は、いつでも死因贈与の全部または一部を撤回することができます（最高裁昭和57年4月30日判決、民集36巻4号763頁）。ただし、負担付死因贈与契約で受贈者が負担の履行をした場合には、撤回はできないとした判例があります（最高裁昭和57年4月30日判決、民法百選Ⅲ第85）。

相続税法では、死因贈与は遺贈とみなされます（相続税法第1条の3一）。

不動産を相続によって取得させる場合と死因贈与によって取得させる場合で所有権移転登記にかかる登録免許税の税率が異なります。相続によって取得させる場合の税率は、1000分の4であり（登録免許税法第

9条、別表第一の一（二）イ）、死因贈与の場合の税率は、1000分の20となります（同ハ）。また、不動産取得税は、相続（包括遺贈及び被相続人から相続人に対してなされた遺贈を含む。）による取得の場合は課税されませんが、死因贈与の場合は課税されることになります（地方税法第73条の7一）。

　贈与税は、贈与による財産の取得の時に納税義務が発生します（国税通則法第15条2項5号）。民法では、贈与は贈与契約の成立によって効力を生じます。しかし、書面によらない贈与は、履行が終了するまで取り消し（撤回）ができる（民法第550条）ことから、「贈与により財産を取得した時」とは、書面によらない贈与の場合においては「贈与の履行の終った時」であるとされています（東京高裁昭和53年12月20日判決、税務訴訟資料103号800頁）。

　なお、死因贈与契約の事例ではありませんが、不動産を贈与する旨の公正証書を作成した場合に、公正証書は将来の不動産贈与を明らかにした文書にすぎないとして、書面によらない贈与であり、不動産の引渡し又は所有権移転登記がなされたときにその履行があったと判断した判例があります（名古屋高裁平成10年12月25日判決、租税百選第6版76）。

11　遺産分割方法の指定

　被相続人は、遺言で遺産分割方法を定めることができます（民法第908条）。遺産分割方法の指定には、①相続分を変更しない純粋な遺産分割方法の指定、②相続分を変更する遺産分割方法の指定があります。

　相続分を変更しない遺産分割方法の指定は、たとえば、被相続人の相続財産が3,000万円あり、相続人が子A、B、Cであるとします。この

場合の法定相続分は、それぞれ1,000万円ずつとなります。被相続人が遺言で1,000万円の土地をAに、2,000万円の預金をそれぞれ1,000万円ずつB、Cに分割するよう指定した場合、遺言で相続分を変更せず、遺産分割方法のみを指定していることになります。

これに対し、被相続人が遺言で1,000万円の土地をAに、2,000万円の預金のうち、1,500万円をBに、500万円をCに分割するよう指定した場合には、BとCの相続分を変更した上で遺産分割方法を指定したことになります。

相続分を変更しない純粋な遺産分割方法の指定

被相続人の財産

土地 1,000万円

預金 2,000万円

A	B	C
		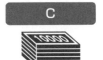
1,000万円	1,000万円	1,000万円

相続分を変更する遺産分割方法の指定

被相続人の財産

土地 1,000万円

預金 2,000万円

A	B	C
		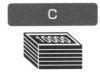
1,000万円	1,500万円	500万円

12　遺贈

　遺贈とは、遺言によって遺言者の財産を無償で第三者に与える行為です。特定の財産を遺贈することを「特定遺贈」、財産の全部または一定の割合を遺贈することを「包括遺贈」といいます。

　たとえば、お世話になったAさんに甲マンションをあげたい時に、「甲マンションをAに遺贈する」というように、財産を特定して遺言書に記載すると、「特定遺贈」となります。これに対し、財産を特定せずに、「遺産の3分の1をAに遺贈する」というように記載すると、「包括遺贈」となります。ただし、「相続人」に対して遺言書で特定の財産を相続させる旨の遺言書は、「その趣旨が遺贈であることが明らかであるか又は遺贈と解すべき特段の事情がない限り、遺贈と解すべきではな」く、遺産分割方法の指定と解されています（最高裁平成3年4月19日判決、民法百選Ⅲ86）。

　遺言は、遺言者の死亡の時にその効力を生じます（民法第985条1項）。そして、相続人が遺贈の義務を履行することになります。ただし、遺言執行者があるときは、相続人ではなく、遺言執行者が遺贈の義務を履行します。

（1）特定遺贈

　特定の財産を遺贈することを「特定遺贈」と言います。特定遺贈は、「甲マンション」のように、すでに特定されている財産でも、「金の延べ棒3本のうち1本」というような不特定物でも認められます。すでに特定されている特定物の遺贈の場合には、遺贈の効力が発生すると同時に所有権が受遺者に移転します。不特定物の場合には、受遺者は目的物を

特定して自己に移転するよう請求する権利があり、遺贈義務者が目的物を特定した時に、遺贈の目的物の所有権が受遺者に移転するとされています（東京高裁昭和23年3月26日判決、高民集1巻1号78頁）。

ただし、特定遺贈の場合には、所有権の移転を第三者に対抗するには、対抗要件を具備する必要があります（最高裁昭和39年3月6日判決、民法百選Ⅲ73）。たとえば、太郎が、遺言でAに甲マンションを遺贈したにもかかわらず、太郎の相続人であるBが相続を原因とする所有権移転登記をし、甲マンションを第三者であるCに譲渡して所有権移転登記をしたとします。この場合には、Aは、所有権移転登記をしていないので、第三者であるCに対抗できず、その結果、甲マンションの所有権移転登記を得ることができません。この場合には、Bに損害賠償請求をすることになります。

ただし、この場合でも、遺言執行者がいる場合には、受遺者は登記その他の対抗要件を具備することなしに、第三者に対抗することができる、とされています。

受遺者は、遺言者の死亡後、いつでも、遺贈の放棄をすることができます。この場合には、遺贈の放棄は、遺言者の死亡の時にさかのぼってその効力を生じます（民法第986条）。

受遺者が遺贈の放棄をするときは、相続放棄ではなく、遺贈義務者または遺言執行者に対する意思表示をすることになります。

ただ、いつでも遺贈の放棄をすることができるとなると、遺贈義務者の地位を不安定にしますので、遺贈義務者などの利害関係人は、受遺者に対して、相当の期間を定めて、遺贈を承認または放棄するよう催告することができ、受遺者がこの期間内に承認または放棄の意思表示をしないときは、遺贈を承認したものとみなされます（民法第987条）。

（2）包括遺贈

　財産の全部または一定の割合を遺贈することを「包括遺贈」と言います。遺産の全部を遺贈することを「全部包括遺贈」、遺産の一定割合で示された部分を遺贈することを「割合的包括遺贈」と言います。そして、包括遺贈の受遺者を「包括受遺者」と言います。包括遺贈は、遺産の全部または一定の割合なので、積極財産だけでなく、消極財産も含みます。

　包括遺贈をするには、たとえば、全部包括遺贈の場合は、遺言書で、「私の遺産の全てをAに遺贈します」のように記載し、割合的包括遺贈の場合は、「私の遺産の3分の1をAに遺贈します」のように記載します。

　包括受遺者は、遺贈の効力発生と同時に遺産を承継します。包括受遺者は、相続人と同一の権利義務を有します（民法第990条）。ただし、相続人の誰かが相続放棄をした場合に、他の相続人の相続分が増加しますが、包括受遺者が遺贈される遺産が増加するわけではありません。

　包括受遺者も、遺言者の死亡後、いつでも、遺贈の放棄をすることができます。この場合には、遺贈の放棄は、遺言者の死亡の時にさかのぼってその効力を生じます（民法第986条）。包括受遺者が遺贈の放棄をするには、自己のために包括遺贈があったことを知った時から3ヶ月間の熟慮期間内に家庭裁判所に申述することによって行います。限定承認も同様です。相続放棄も限定承認もせずに熟慮期間を経過した時は、遺贈を単純承認したことになります（民法第921条2号）。

　割合的包括遺贈の場合には、遺産の一定割合で示された部分を取得しますので、他の相続人や他の割合的包括受遺者と遺産を共有することになります。そして、共有状態を解消するには、遺産分割手続を行うことになります。

　包括遺贈の場合にも、所有権の移転を第三者に対抗するには、対抗要

件を備える必要があります（大阪高裁平成18年8月29日判決、判例時報1963号77頁）。遺言執行者がいる場合には、受遺者は登記その他の対抗要件を具備することなしに、第三者に対抗することができる、とされています。

　改正相続法では、この場合でも、自己の法定相続分を超える部分の取得については、対抗要件なくして善意の第三者に対抗することはできないとされました。詳しくは、第9章で解説します。

　包括遺贈の場合には、受遺者は積極財産だけでなく、消極財産も取得します。相続財産に金銭債務のような可分債務が含まれている場合には、可分債務は、相続開始によって法定相続分に従って当然に分割承継されます（大審院昭和5年12月4日決定、民集9巻1118頁）。したがって、債権者は、遺贈の如何にかかわらず、各法定相続人に法定相続分に従って分割承継された債務の支払を請求することができます。

　改正相続法では、相続分の指定がなされた場合であっても、相続債権者は、各共同相続人に対して、その法定相続分の割合でその権利を行使することができますが、相続債権者が共同相続人の一人に対して指定相続分の割合による義務の承継を承認したときは、各共同相続人に対して、その法定相続分の割合でその権利を行使することはできず、その指定相続分の割合でその権利を行使することができることとされました。詳しくは、第9章で解説します。

（3）条件または期限付遺贈

　遺言者は、遺贈をするにあたり、遺贈の効力の発生に条件や期限を付すことができます。遺贈の効力を条件にかからせる場合を「停止条件付遺贈」、期限にかからせる場合を「期限付遺贈」と言います。

　たとえば、「孫が東京大学に入学することを条件に遺贈する」という

ような条件をつければ停止条件付遺贈となり、「孫の20歳の誕生日に遺贈する」というような期限をつければ期限付遺贈となります。

　停止条件付遺贈の場合には、条件が成就した時に遺贈の効力が生じます。期限付遺贈の場合には、期限が到来した時に遺贈の効力が生じます（民法第985条2項）。遺贈の効力が生じるまでは、受遺者は、遺贈義務者に対して履行請求をすることができません。

　条件成就または期限到来の前に、相続税申告期限が到来する場合には、未分割として申告することになります。この場合の処理については、相続税法基本通達は、次のように定めています。

> 11の2-8　停止条件付の遺贈があった場合において当該条件の成就前に相続税の申告書を提出するとき又は更正若しくは決定をするときは、当該遺贈の目的となった財産については、相続人が民法第900条（（法定相続分））から第903条（（特別受益者の相続分））までの規定による相続分によって当該財産を取得したものとしてその課税価格を計算するものとする。ただし、当該財産の分割があり、その分割が当該相続分の割合に従ってされなかった場合において当該分割により取得した財産を基礎として申告があった場合においては、その申告を認めても差し支えないものとする。（昭57直資2-177、平17課資2-4改正）

（4）後継ぎ遺贈型受益者連続信託

　「甲マンションをAに遺贈する。A死亡後はBに遺贈する。」というような遺贈を「後継ぎ遺贈」と言います。この遺贈が有効かどうかについては、見解の争いがあります。しかし、このような後継ぎ遺贈型の遺贈は、遺言者の死後の財産争いを回避すること、オーナー企業の後継者争

いを回避すること、などから、一定の需要がありました。そこで、平成18年改正の信託法により、後継ぎ遺贈型受益者連続信託を新たに規定しました（信託法第91条）。

信託では、財産を委託する人を「委託者」、委託される人を「受託者」、信託財産から利益を受ける人を「受益者」と言います。

たとえば、被相続人が遺言により、信用できる甥に対して、1億円を信託するとします。この場合、被相続人が委託者、甥が受託者です。1億円は、信託財産といいます。そして、遺言では、受託者である甥は、1億円で不動産を購入して管理運用し、その収益から、被相続人の孫の日々の養育費、高校入学時に100万円、大学入学時に100万円、孫が22歳になったら、不動産を売却して精算し、残額を全額孫に支払う、とされていたとします。この場合の孫が受益者ということになります。

信託では、このようなことが可能になっています。

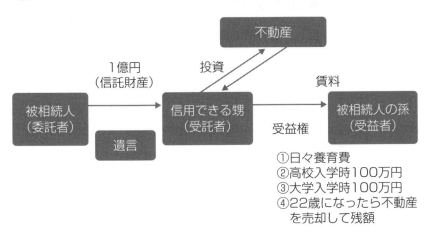

そして、信託法では、「受益者Aが死んだら、受益者をBにし、Bが死んだら、受益者をCとする」というように定めることができます。これを「後継ぎ遺贈型受益者連続信託」といいます。

ただし、後継ぎ遺贈型受益者連続信託も、永遠に連続させることができるわけではありません。指定できる期間が制限されています。その期間は、信託が設定された時から30年、というのが一つの目安です。
　たとえば、被相続人が自社株を信託財産にしたとします。そして、受益者を「長男→長女→甥→姪」と指定したとします。死亡した時点で遺言書による信託が効力を発生し、そこから30年後には、長女が受益権を持っていたとします。そうすると、次の長女死亡による甥への受益権までは、連続が可能ですが、その後の姪への移転までは、効力が及ばないことになります。つまり、信託が設定された時から30年を経過した時点において現存する受益者の次の受益者が受益権を取得するまでの連続が限度ということになります。

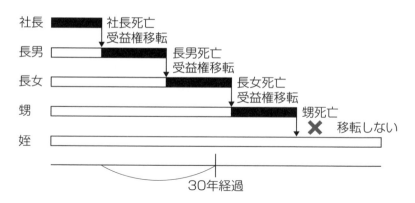

（5）負担付遺贈

　遺言者は、遺贈するにあたって、受遺者に対して一定の給付義務を課すことができます。これを「負担付遺贈」と言います。たとえば、「私の全ての遺産をAに遺贈する。その代わりに、Aは、私の妻のBが死ぬまで扶養すること。」などとする場合です。負担付遺贈は、停止条件付遺贈などと異なり、遺言者の死亡によって効力を生じます。効力が生じ

た上で、受遺者の給付義務が残ることになります。

　過大な負担が付された時は、受遺者は、遺贈の目的の価額を超えない限度でのみ、負担する義務を負うことになります（民法第1002条1項）。遺贈に対して遺留分減殺請求権が行使されて、取得する遺産が減少した場合は、その減少した割合に応じて負担した義務を免れることになります（民法第1003条）。

　受遺者が負担付遺贈を放棄した時は、受益者が受遺者になることができます（民法第1002条2項）。

　受遺者が負担を履行しない時は、相続人および遺言執行者は、受遺者に対して、相当の期間を定めて負担の履行を求めることができ、期間内に履行されない時は、家庭裁判所に負担付遺贈の取り消しを請求することができます（民法第1027条）。

　負担付遺贈の課税価格の計算については、相続税法基本通達で次のように定められています。

> 11の2-7　負担付遺贈により取得した財産の価額は、負担がないものとした場合における当該財産の価額から当該負担額（当該遺贈のあった時において確実と認められる金額に限る。）を控除した価額によるものとする。

13　「相続させる」旨の遺言

　遺言により、特定の財産を相続人に取得させ、あるいは財産の全部または一部の割合を取得させようとするとき、遺言書に「相続させる」と記載することが多くあります。このような「相続させる」旨の遺言は、

次のような一定の効果が認められています。

（1）遺産分割不要

　遺言書において、特定の遺産を特定の相続人に「相続させる」旨の遺言書があった事例において、最高裁平成3年4月19日（民法百選Ⅲ86）判決は、「遺言者の意思は、右の各般の事情を配慮して、当該遺産を当該相続人をして、他の共同相続人と共にではなくして、単独で相続させようとする趣旨のものと解するのが当然の合理的な意思解釈というべきであり、遺言書の記載から、その趣旨が遺贈であることが明らかであるかまたは遺贈と解すべき特段の事情がない限り、遺贈と解すべきではない」とし、「相続させる」趣旨の遺言は、「正に同条（民法第908条）にいう遺産の分割の方法を定めた遺言であり」、「何らの行為を要せずして、被相続人の死亡の時（遺言の効力が生じた時）に直ちに当該遺産が当該相続人に相続により承継される」としました。

　したがって、「相続させる」旨の遺言があった時は、遺産分割は不要となり、被相続人の死亡の時に直ちに当該遺産が当該相続人に承継されることになります。

　なお、「相続させる」旨の遺言が効力を発生する前（遺言者の死亡以前）に受益推定相続人が死亡した場合には、「当該推定相続人の代襲者その他の者に遺産を相続させる旨の意思を有していたとみるべき特段の事情のない限り、その効力を生ずることはない」として、代襲相続できないとされています（最高裁平成23年2月22日判決、民集65巻2号699頁）。

　このような結果を回避し、受益推定相続人が死亡した場合においては、代襲相続人に相続させたいという希望を持っているのであれば、「受益相続人Ａが私よりも先に死亡した場合、Ａの長男であるＢに相続させる」

というような遺言内容にするよう助言することを検討してもよいでしょう。

（2）単独登記可能

　不動産を遺贈した場合、受贈者が所有権移転登記を受けるには、他の共同相続人と共同で申請しなければいけません（不動産登記法第60条、昭和33年4月28日民事甲779号民事局長通達）。しかし、「相続させる」旨の遺言の場合には、相続した相続人が単独で申請することができるとされています（不動産登記法第63条2項、昭和47年4月17日民事甲1422号民事局長通達）。したがって、所有権移転登記手続に遺産分割協議書の添付は不要であり、遺言書を添付して申請することになります。

　したがって、この場合、遺言執行者がいたとしても、遺言執行としての登記手続については、遺言執行者の職務は顕在化しません（最高裁平成7年1月24日判決、判例時報1523号81頁）。

（3）賃貸人の承諾不要

　遺言者が賃貸借契約における賃借人である場合、賃借権を遺贈により承継させた場合には、賃借権の譲渡になるので、賃貸人の承諾が必要です（借地借家法第19条、民法第612条1項）。しかし、「相続させる」旨の遺言の場合には、賃貸人の承諾は不要です。

（4）対抗要件不要

　「相続させる」旨の遺言の場合には、何らの行為を要せずに、被相続人の死亡の時に直ちに当該遺産が当該相続人に相続により承継されます。そして、不動産を相続した受益相続人は、登記なくしてその権利を第三者に対抗することができます（最高裁平成14年6月10日判決、民法百

選Ⅲ74）。

　この点、遺贈の場合には、受贈者が登記をしなければその権利を第三者に対抗できないのと異なります。また、遺産分割により不動産を取得した相続人も、登記をしなければその権利を第三者に対抗できません。
　相続法改正により、「相続させる」旨の遺言についても、不動産を相続した受益相続人は、自己の法定相続分を超える部分については、登記をしなければ、その権利を第三者に対抗することができないこととされました。債権についても対抗要件が必要とされました。詳しくは第9章で解説します。

（5）遺産に債務が含まれている場合
（一）可分債務の承継
　債務者が死亡し、相続人が数人ある場合に、被相続人の金銭債務その他の可分債務は、法律上当然分割され、各共同相続人がその相続分に応じて債務を承継します（最高裁昭和34年6月19日判決、民法百選Ⅲ62）。
　その結果、相続人間の関係と債権者との関係で考慮を要します。
（二）相続人間の関係
　1人に対して「全部を相続させる」旨の遺言がある場合には、遺言の趣旨等から相続債務については当該相続人にすべてを相続させる意思のないことが明らかであるなどの特段の事情のない限り、相続人の間では、当該相続人が指定相続分の割合に応じて相続債務を全て承継することになります（最高裁平成21年3月21日判決、民法百選Ⅲ87）。
　したがって、相続債務を承継しない共同相続人の負担割合は、ゼロということになります。
（三）債権者との関係

遺言による相続分の指定は、債権者の関与なくされるものですから、遺言による相続分の指定は、債権者に対抗できません。したがって、債権者は、各相続人に対し、法定相続分に従った相続債務の履行を請求することができます。ただし、相続債権者の方から相続債務についての相続分の指定の効力を承認し、各相続人に対し、指定相続分に応じた相続債務の履行を請求することは可能です（最高裁平成21年３月21日判決、民法百選Ⅲ87）。

　改正相続法では、相続分の指定がなされた場合であっても、相続債権者は、各共同相続人に対して、その法定相続分の割合でその権利を行使することができますが、相続債権者が共同相続人の一人に対して指定相続分の割合による義務の承継を承認したときは、各共同相続人に対して、その法定相続分の割合でその権利を行使することはできず、その指定相続分の割合でその権利を行使することができることとされました。詳しくは、第９章で解説します。

(四) 特定遺贈との違い

　相続財産に債務が含まれている場合、特定の財産を「相続させる」旨の遺言と特定遺贈の場合で違いが生じてきます。特定遺贈の場合には、受贈者は特定の財産を取得するのみです。したがって、特定遺贈の受贈者が相続人である場合に、相続放棄をすると、相続による相続債務の承継を免れることができた上で、特定遺贈による遺産を取得することができることになります。

　しかし、「相続させる」旨の遺言の場合には、相続放棄をすると、相続債務を免れると同時に、相続による財産を得ることもできなくなります。

(五) 相続税における取扱い

　相続があった場合、相続人は、被相続人が負担する納税義務を承継し

ます（国税通則法第5条1項）。複数の相続人がある場合には、承継する納税額は、納税義務の合計額を民法第900条から第902条まで（法定相続分・代襲相続人の相続分・遺言による相続分の指定）の規定によるその相続分により按分して計算した額です（同条2項）。したがって、当然に法定相続分の割合で承継するのではなく、指定相続分により承継するものとされます。

受遺者の権利・義務

　受遺者は、遺贈が弁済期に至らない間および停止条件付の遺贈について、条件未成就の間は、遺贈義務者に対して相当の担保を請求することができます（民法第991条）。

　また受遺者は、遺贈の履行を請求することができる時から果実を取得します。ただし、遺贈者が遺言で異なる意思表示をしているときは、それに従います（民法第992条）。

　遺贈義務者が遺言者の死亡後に遺贈の目的物について費用を支出した場合には、遺贈の目的物について留置権が成立します（民法第993条1項）。

　また遺贈義務者が遺贈の目的物について果実を取得するために通常の必要費を支出したときは、果実の価格を超えない限度で受遺者に償還を請求することができます（同条2項）。

遺言の撤回

遺言者は、いつでも、遺言の方式に従って、遺言の全部または一部を撤回することができます（民法第1022条）。前の遺言を撤回するための遺言は、遺言の方式に従っていればよいので、前の遺言と同一方式である必要はありません。したがって、公正証書遺言を、後で自筆証書遺言により撤回することも可能です。

　遺言を撤回する方法は、いくつかあります。

（1）遺言書の破棄

　遺言者が故意に遺言書を破棄したときは、その破棄した部分については、遺言を撤回したものとみなされます。遺贈の目的物を破棄したときも同じです（民法第1024条）。遺言書を破棄したかどうかは、行為の有する一般的な意味に照らして、遺言の効力を失わせる意思の現れとみることができるかどうかによって判断します。過去の判例では、赤色のボールペンで遺言書の文面全体に斜線を引く行為が遺言の撤回と解釈された事例があります（最高裁平成27年11月20日判決、平成28年重判13事件）。

　なお、公正証書遺言については、原本が公証役場に保管されていますので、遺言者が所持している正本などを破棄しても、遺言書を破棄したことにはなりません。公正証書遺言については、後の遺言書により撤回するか、目的物を処分または破棄することにより撤回することになります。

（2）撤回文言の記載

　後の遺言書に前の遺言を撤回する旨の文言を記載する方法です。前の遺言で、「私の不動産を長男に相続させる」と記載した後、後の遺言で、「平成●年●月●日付け遺言により、不動産を長男に相続させる旨の遺

言を撤回する」と記載する方法です。これにより、前の遺言の不動産を長男に相続させる部分の遺言が撤回されたことになります。

（3）法定撤回

　前の遺言が後の遺言と抵触するときは、その抵触する部分については、後の遺言で前の遺言を撤回したものとみなされます。遺言の後に遺贈などの目的物を処分して抵触した場合も同様です（民法第1023条）。

　たとえば、前の遺言で、「私の不動産を長男に相続させる」と記載した後、後の遺言で、「私の不動産を次男に相続させる」と記載するような場合です。また、前の遺言後、不動産を第三者に売却するような場合です。これらの場合、前の遺言の不動産を長男に相続させる部分の遺言が撤回されたことになります。

（4）撤回行為の撤回

　遺言を撤回した後に、その撤回した行為（後の遺言等）を「撤回する」という遺言をしたときは、後の遺言は撤回されるが、それにともなって前の遺言が効力を有するわけではありません（民法第1025条）。つまり、後の遺言を撤回しても、前の遺言は復活しない、ということです。したがって、この場合には、再度遺言をする必要があります。

　ただし、遺言書の記載に照らして遺言者の意思が原遺言書の復活を希望するものであることが明らかなときは、1025条の法意に鑑み、遺言者の意思を尊重して原遺言の効力が復活する、とした判例があります（最高裁平成9年11月13日判決、民集51巻10号4144頁）。

16 遺言執行者

　遺言の内容を実現するために、遺言事項を執行する必要がある場合があります。たとえば、不動産を「相続させる」旨の遺言の場合には、相続した相続人が単独で登記申請することができるとされています（不動産登記法第63条2項、昭和47年4月17日民事甲1422号民事局長通達）。しかし、遺言で誰かに不動産を遺贈する旨が定められている場合には、受遺者は単独では所有権移転登記手続をすることができないので、誰かが手続をしなければなりません。また、遺言認知の場合には戸籍への届出が必要となります。このように、遺言事項を執行するため、「遺言執行者」が必要となります。遺言執行者は、相続人の代理人とみなされています（民法第1015条）。

（1）遺言執行者の就職・退職

　遺言執行者を選任する手続は、以下の3種類です。
① 遺言者が遺言で指定する
② 遺言者が遺言で第三者に遺言執行者の指定を委託し、第三者が指定する
③ 利害関係人（相続人、受遺者、相続債権者など）が家庭裁判所に請求し、家庭裁判所が選任する

　遺言執行者は複数でもよく、法人を選任することもできます。ただし、未成年者および破産者は遺言執行者になることができません（民法第1009条）。

　遺言執行者に選任された者は、遺言執行者に就職するか辞退するかを相続人に対して意思表示します。遺言執行者に就職する義務はありませ

ん。相続人その他の利害関係人は、遺言執行者に指定された者に対し、相当の期間を定めて、遺言執行者への就職を承諾するかどうかを確答すべき旨の催告をすることができます。この場合に、相当の期間内に確答がない時は、遺言執行者への就職を承諾したものとみなされます（民法第1008条）。

　遺言執行者は、正当な事由があるときは、家庭裁判所の許可を得て辞任することができます（民法第1019条2項）。遺言執行者がその任務を怠ったときその他正当な事由があるときは、利害関係人（相続人、受遺者、相続債権者など）は、その解任を家庭裁判所に請求することができます（民法第1019条1項）。

（2）遺言執行者の権利義務

　遺言執行者は、相続財産の管理その他遺言の執行に必要な一切の行為をする権利義務があります（民法第1012条1項）。そして、遺言執行者がある場合には、相続人は、相続財産の処分その他遺言の執行を妨げる行為をすることができません（民法第1013条）。この規定に違反して、相続人が相続財産を処分した場合には、その処分行為は無効とされています（大審院昭和5年6月16日判決、民集41巻3号474頁）。この場合には、受遺者は、登記なくして第三者に対抗することができます。

　改正相続法では、この場合、善意の第三者に対抗することはできないとされました。詳しくは、第9章で解説します。

　遺言執行者は、就職を承諾したときは、ただちにその任務を行わなければなりません（民法第1007条）。そして、遺言執行者は、遅滞なく、相続財産の目録を作成して、相続人に交付しなければなりません。また、遺言執行者は、相続人の請求があるときは、その立ち会いをもって相続財産の目録を作成し、又は公証人にこれを作成させなければなりません

(民法第1011条)。

(3) 遺言執行者の任務

遺言執行者は、やむを得ない事由がなければ、第三者にその任務を行わせることができません。ただし、遺言者が遺言に反対の意思を表示したときは、やむを得ない事由がなくても、第三者にその任務を行わせることができます（民法第1016条）。

しかし、専門知識等の関係で、遺言執行の任務を法律家等に行わせることが適切であることも多いことから、改正相続法では、遺言執行者の復任要件を緩和しました。詳しくは、第9章で解説します。

遺言執行者が複数人である場合には、その任務を執行は、過半数で決します。ただし、遺言者が遺言でこれと異なる意思表示をしている場合には、その意思に従うことになります。

(4) 遺言執行の費用・報酬

遺言の執行に関する費用は、相続財産の負担となります。遺言執行の費用というのは、相続財産の管理に関する費用、遺言執行者の報酬などです。ただし、これらの費用によって遺留分を減ずることはできません（民法第1021条）。たとえば、相続人が甲1人である場合に、1000万円の相続財産があるところ、そのうち800万円がAに遺贈されたとします。そして、遺言執行者乙が執行費用100万円を支出したとすると、甲がこの100万円の支払義務を負担します。この場合の甲の遺留分は、500万円です。甲は200万円を相続しており、500万円から200万円を差し引いた300万円を遺留分としてAに請求できますが、執行費用100万円を支払っていることから、その100万円も請求しなければ取得額が500万円になりません。そこで、甲はAに対し、300万円＋100万円の合計

第1章 遺言書の確認

400万円をAに対して請求できる、ということになります。

（5）相続税における扱い

相続税法で債務控除の対象となるのは、被相続人の債務で相続開始の際に現に存するものです（相続税法第13条1項1号）。したがって、遺言執行費用は相続税の計算上、債務控除の対象とはなりません（相続税法基本通達13－2）。

17 相続税申告後の遺言の発見等

相続税の申告書を提出した後に、遺贈に関する遺言書が発見され、または遺贈の放棄があって、課税価格および相続税額が過大となった場合は、その事由が生じたことを知った日の翌日から4ヶ月以内に更正の請求をすることができます（相続税法第32条1項4号）。

18 信託を利用した場合の課税関係

法人税法上、信託税制は、①受益者等課税信託、②集団投資信託、③法人課税信託、④退職年金等信託、⑤特定公益信託等の5つに区分されています。遺言信託を利用して遺贈等をする場合には、①の受益者等課税信託が適用されますので、受益者等課税信託について説明します。

受益者等課税信託とは、②ないし⑤以外の信託です。信託は、委託者が、信託財産を受託者に託し、その利益を受益者が受け取るものです。そこで、法人税法および所得税法では、信託財産に属する資産および負

債は利益を受ける受益者が有するものとし、信託財産から発生する収益および費用は受益者の収益及び費用とみなす、という取扱いをしています。所得税法や消費税法においても同様の考え方です。

図で説明しましょう。

（1）自益信託（委託者が信託財産を受託者に託し、そこから生ずる利益は委託者が享受する信託）

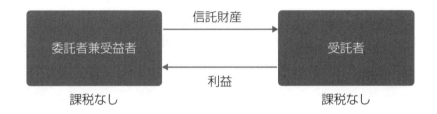

（2）委託者である個人が、個人に対し、無償で受益権を付与する信託

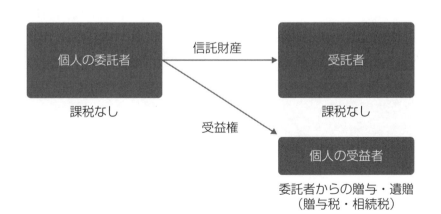

（3）委託者である個人が、法人に対し、無償で受益権を付与する場合

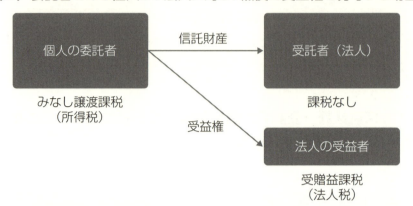

（4）委託者である法人が、個人に対し、無償で受益権を付与する信託

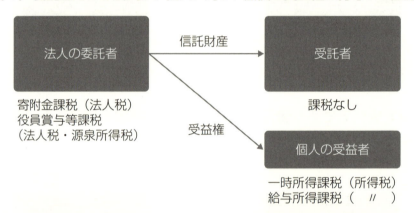

（5）委託者である法人が、法人に対し、無償で受益権を付与する信託

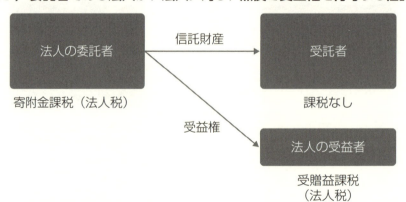

第 2 章

相続人の確定

1 相続人の範囲

(1) 相続の順位

　遺言書がない場合には、相続財産は、遺産分割により相続人に承継されることになります。そこで、いかなる範囲の者が相続人になるかを確定することが必要となります。

　相続人となるのは、被相続人の配偶者および被相続人の血族です。配偶者は常に相続人となります（民法第890条）が、血族については、相続人となるべき順序が定められています。

　この場合の配偶者は、法律婚の配偶者であり、内縁配偶者を含みません。内縁配偶者が被相続人の財産を取得するには、被相続人と死因贈与契約を締結するか、遺贈を受けるか、あるいは、被相続人に相続人がいない場合に特別縁故者として分与を求めることになります（民法第958条の3）。なお、改正相続法では、相続人以外の親族が被相続人の財産の維持や増加に寄与した場合などの特別寄与料の請求の制度を創設していますが、詳しくは、第9章で説明します。

　血族相続人は、次の順序で相続人となります。先順位の血族相続人がいない場合にはじめて後順位の血族相続人が相続権を持ちます。先順位の血族相続人がいない場合というのは、はじめから存在しない場合、相続欠格（民法第891条）、廃除（民法第892条、893条）、相続放棄（民法第939条）の場合をいいます。
①第1順位　子（民法第887条）
②第2順位　直系尊属（民法第889条1項1号）
③第3順位　兄弟姉妹（民法第889条1項2号）

「子」は、分娩、嫡出推定、認知、養子縁組による場合があります。普通養子は、実親の相続権と養親の相続権を持ちますが、特別養子の場合には、縁組によって実親との親族関係が終了するので、実親の相続権を喪失します。

　胎児については、相続については、すでに生まれたものとみなし、相続権を持ちます（民法第886条1項）。ただし、胎児が死体で生まれたときは、生まれたものとはみなされなくなります（同条2項）。胎児が生まれる前に遺産分割を行った後で、胎児が死体で生まれたときは、胎児に帰属するとされた財産についての遺産分割は無効となり、その財産について改めて遺産分割が必要になるので、胎児の出生を待って遺産分割を行うのが通常です。

　被相続人に父母と祖父母がいるような場合には、親等の近い父母のみが相続権を持つことになります。

　相続税の申告期限は、相続人が、その相続の開始を知った日の翌日から10ヶ月以内です（相続税法第27条1項）。胎児については、「相続の開始を知った日」は、法定代理人がその胎児の生まれたことを知った日とされています（相続税法基本通達27－4（6））。

　胎児が生まれる前に他の相続人が相続税の申告書を提出する場合は、胎児は相続人の数には算入しないこととされています（相続税法基本通達15－3）。この場合に、後日胎児が生まれたときは、胎児が生まれたことを知った日の翌日から4ヶ月以内に更正の請求を行うことになります（相続税法基本通達32－1）。

（2）代襲相続

　代襲相続とは、被相続人の死亡以前に、相続人となるべき子や兄弟姉妹が死亡し、または廃除され、あるいは欠格事由があることによって相

続権を失ったときは、その者の直系卑属（兄弟姉妹の場合にはその子に限ります）が、その者の受けるはずだった相続分を、被相続人から直接に相続することをいいます（民法第887条2項、889条2項）。被相続人の「死亡以前」ということなので、被相続人と同時に死亡した場合も含まれます。

この場合の相続権を失って相続できなくなった者を「被代襲者」といい、被代襲者に代わって相続する者のことを「代襲相続人」といいます。

被代襲者は、被相続人の子（直系卑属）または兄弟姉妹に限られ、直系尊属や配偶者は含まれません。

代襲原因は、①相続開始以前の死亡、②相続欠格、③廃除、に限られ、相続放棄は含まれません。

代襲相続人の要件は、①被代襲者の直系卑属であること、②被相続人の直系卑属であること（被相続人の子が被代襲者の場合）、③相続開始時に存在していること、④被相続人から廃除された者または欠格者でないこと、です。

養子縁組の場合には、養子縁組の日から養子と養親との間に親子関係が発生します。したがって、被代襲者が被相続人の養子である場合において、養子縁組前に生まれた被代襲者の子は、被相続人の直系卑属ではないので、代襲相続人とはなりません。しかし、養子縁組後に生まれた被代襲者の子は、代襲相続人になります。

被相続人の死亡以前に、子が死亡している場合、孫が代襲相続人となりますが、この孫に代襲原因がある場合には、孫の子（曾孫）が代襲相続人になります（民法第887条3項）。これを「再代襲」といいます。ただし、兄弟姉妹については、代襲相続のみが認められ、「再代襲」は認められません。これは、「笑う相続人」の出現を抑制するため、とされています。

代襲相続人は、被代襲者の相続順位に繰り上がって被相続人を直接相続しますが、代襲相続人が複数いる場合は、各自の相続分は被代襲者の受けるべきであった相続分を等分に相続することになります。

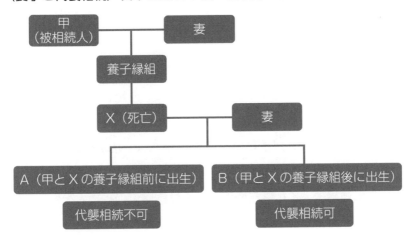

(養子と代襲相続) 養子X死亡の後に養親甲が死亡した場合

(3) 相続資格の重複

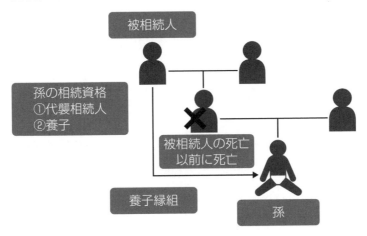

　養子縁組があることにより、相続権を重複して持つ結果となる場合が

あります。たとえば、被相続人が孫を養子にした場合を考えてみます。被相続人の死亡以前に被相続人の子が死亡した場合には、被相続人の孫が代襲相続人となります。また、養子は、独自に相続権を持ちます。この場合、代襲相続人として被相続人の子の相続分を相続することと、養子としての相続分を相続することは両立するため、相続権の重複行使が認められます。

（4）相続欠格

　相続欠格とは、被相続人の意思と無関係に、一定の事由があれば、法律上当然に何らの手続を要することなく、相続権が剥奪される制度です。

　相続人であっても、以下に該当する場合には、相続権がありません。また、遺贈を受けることもできません（民法第965条、891条）。

① 故意に被相続人または先順位もしくは同順位の相続人を死亡させるか、死亡させようとしたために刑に処せられた者
② 被相続人が殺害されたことを知ったのに、告発・告訴しなかった者。
　ただし、その者に是非の弁別がないとき、または殺害者が自己の配偶者・直系血族であったときは含まれない。
③ 詐欺・強迫によって、相続に関する被相続人の遺言の作成・撤回・取消・変更を妨げた者
④ 詐欺・強迫によって、被相続人に、相続に関する遺言の作成・撤回・取消・変更をさせた者
⑤ 相続に関する被相続人の遺言書を偽造・変造・破棄・隠匿した者。
　ただし、破棄または隠匿が相続に関して不当な利益を目的とするものでなかったときは、あたりません。最高裁平成9年1月28日判決（民法百選Ⅲ52）は、破棄または隠匿した遺言書が、破棄または隠匿した者にとって有利であったことを理由に、欠格事由に該当しないと

判断しました。

相続欠格の効果は、一身専属的であり、欠格者に直系卑属があり、代襲相続の要件を満たせば、この者が代襲相続人となります（民法第887条2項、3項）。

（5）相続人の廃除

特定の相続人について、被相続人が財産を相続させることを欲せず、かつ欲しないことが一般の法感情から考えてもっともだと認められる事情があるときは、被相続人の意思により、家庭裁判所がその相続人の相続権を剥奪することができます。これを「相続人の廃除」といいます（民法第892条、893条）。

相続人の廃除の対象となるのは、推定相続人（相続開始の際に相続人となるべき者）のうち、遺留分を有する者です。したがって、兄弟姉妹は遺留分がないので、廃除の対象とはなりません。なぜなら、兄弟姉妹に財産を取得させたくない被相続人は、他の者に贈与または遺贈をし、または兄弟姉妹の相続分をゼロと指定することにより、その希望を実現できるため、あえて廃除を認める必要がないためです。

相続人を廃除するには、
① 相続人が被相続人に対して虐待又は重大な侮辱をしたこと
② 相続人にその他の著しい非行があること
が必要です。

①の「虐待又は重大な侮辱」について、東京高裁平成4年12月11日決定（民法百選Ⅲ53）は、「民法第892条にいう虐待又は重大な侮辱は、被相続人に対し精神的苦痛を与え又はその名誉を毀損する行為であって、それにより被相続人と当該相続人との家族的協同生活関係が破壊され、その修復を著しく困難ならしめるものをも含むものと解すべきである」

としています。そして、子供の頃から少年院送致を含む非行を繰り返し、暴力団員と同棲、婚姻し、父母が婚姻に反対していることを知りながら、父の名で披露宴の招待状を出すなどした行為が「虐待又は重大な侮辱」にあたるとしました。

また、大阪高裁平成15年3月27日決定（判例タイムズ臨時増刊1154号114頁）は、被相続人の多額の財産をギャンブルにつぎ込んでこれを減少させ、被相続人をして、自宅の売却までせざるをえない状況に追い込んだこと、会社の取締役を解任されたことを不満に思い、虚偽の金銭消費貸借契約や虚偽の賃貸借契約を作出し、民事訴訟になり、訴訟でも被相続人と敵対する不正な証言を行うことによって、高齢である被相続人に多大の心労を背負わせたことをもって、「著しい非行」にあたるとしました。

反対に、廃除を認めなかった裁判例として、東京高裁平成8年9月2日決定（民商法雑誌119巻6号969頁）があります。この決定では、嫁姑関係の不和に起因して、被相続人と相続人が頻繁に口論し、その結果、暴力にまで発展しましたが、それは、相続人夫婦と被相続人夫婦の双方に責任があるというべきであり、被相続人にも相応の責任があるとみるのが相当であること、相続人は被相続人から請われて同居し、同居に際しては改築費用の相当額を負担し、家業の農業も手伝ってきたこと、被相続人は死亡するまで相続人との同居を継続したこと、から相続人と被相続人は家族としての協力関係を一応保っていたというべきで、相続的共同関係が破壊されていたとまではいえないとしています。

被相続人が推定相続人を廃除するには、生前に家庭裁判所に廃除の請求をするか、あるいは、遺言で廃除の意思表示をすることになります。遺言による廃除の場合には、遺言執行者が被相続人の死後に遅滞なく廃除の申立をすることになります。この場合には、廃除の効果は、被相続

人の死亡の時に遡って生じます。

　なお、廃除された場合でも、相続欠格と異なり、被相続人から遺贈を受けることができます。

　被相続人は、いつでも廃除の取消を家庭裁判所に請求することができますし、また、廃除を取り消さず、贈与や死因贈与、または遺贈をすることにより、廃除した推定相続人に財産を取得させることができます。

　廃除の申立人は、廃除が確定した日から10日以内に、被相続人の本籍地の市区町村に推定相続人廃除届けを提出します（戸籍法第97条、63条1項）。その結果、相続人の戸籍に廃除事項が記載されることになります。

　相続税の申告書を提出した後に、廃除に関する裁判が確定し、課税価格および相続税額が過大となった場合は、裁判の確定を知った日の翌日から4ヶ月以内に更正の請求をすることができます（相続税法第32条1項2号）。

2　相続人の不存在

（1）相続財産管理制度

　遺言書がなく、相続人がいるかどうかも明らかでない場合には、どうしたらよいでしょうか。まず、戸籍を調査して、相続人がいることは判明したけれども、相続人がどこにいるかわからない場合には、不在者財産管理制度（民法第25条以下）の問題となるか、あるいは失踪宣告（同法第30条以下）の問題となります。

　そうではなく、相続人がいるかどうか明らかでない場合には、相続財

産管理制度（民法第952条以下）の問題となります。ここで、相続人がいるかどうか明らかでない場合とは、戸籍上の相続人がいない場合、戸籍上の相続人がいても、その全員が相続放棄をした場合、相続欠格や相続人廃除によって相続資格を失った場合をいいます。相続財産全部の包括受遺者がいる場合には、相続人がいなくても、包括受遺者が相続人と同一の権利義務を有しますので、相続財産管理制度は適用がありません。

　このような場合には、まず、相続財産は、「法人」となります（民法第951条）。この法人を「相続財産法人」といいます。

　そして、相続財産法人についての利害関係人（相続債権者、受遺者、特別縁故者予定者、相続債務者）または検察官の請求により、家庭裁判所が相続財産管理人を選任します（民法第952条）。相続財産管理人が選任されると、相続財産管理人は、委任の規定に従い、財産の管理・清算を行います。

（2）相続財産管理人の任務

　家庭裁判所が相続財産管理人を選任し、公告してから2ヶ月以内に相続人の存在が明らかにならない場合は、相続財産管理人は、全ての相続債権者および受遺者に対して、2ヶ月以上の期間を定めて債権を申し出るよう公告を行います（民法第957条1項）。

　債権申出期間が満了した後、相続財産管理人は、次の順序で弁済や配当を行います（同条2項）。

①優先権を有する債権者
②申出をし、または知れている債権者
③申出をし、または知れている受遺者
④期間内に申出がなく、または知れなかった相続債権者および受遺者

　申出期間が満了をしても相続人の存在が明らかでないときは、家庭裁

判所は、相続財産管理人または検察官の請求により、6ヶ月以上の期間を定めて、相続人があるならば、その期間内に権利を主張すべき旨の公告を行います（民法第958条）。この期間内に相続人の出現がなく、または出現しても相続を承認しないときは、相続人の不存在が確定します。相続人不存在の確定により、相続人の相続権は失権し、あわせてそれまでに相続財産管理人に知れなかった相続債権者および受遺者も権利も失権します（同条の2）。

相続人の失権前に、相続人が現れて相続を承認した場合には、相続財産は、相続開始時から相続人に帰属していたことになり、相続財産法人は、相続開始時に遡って消滅します（民法第955条）。ただし、この間に相続財産管理人が行った権限内の行為は有効となります（同条但し書き）。

（3）相続財産法人の清算

相続人捜索の公告期間の満了後3ヶ月以内に、特別縁故者からの請求により、家庭裁判所は、相当と認めるときは、特別縁故者に対し、相続財産の全部または一部を分与することができます（民法第958条の3）。

「特別縁故者」というのは、被相続人と生計を同じくしていた者、被相続人の療養看護に努めた者その他被相続人と特別の縁故があった者です（同条）。長年苦楽をともにした事実上の養子や養親、療養看護をしつつも経済的には別個独立の生活していた他人などがその例です。

特別縁故者からの分与の手続が終了後（認められたときと認められなかったときを含む）、なお残余財産がある場合には、国庫に帰属します（民法第959条）。これにより、相続財産法人は消滅し、相続財産管理人の代理権も消滅します。

（4）特別縁故者の税務関係

特別縁故者は、分与審判が確定すると相続財産を取得しますが、これは相続による取得ではなく、相続財産法人からの贈与となります。

　相続税法は、分与の審判が確定したときの財産の時価に相当する金額を被相続人から遺贈により取得したものとみなされ（相続税法第4条）、相続税が課税されることになります。

　申告期限は、分与の審判があったことを知った日の翌日から10ヶ月以内とされています（相続税法第29条1項）。

3 相続税の納税義務者

　相続税の納税義務者は、原則として、相続もしくは遺贈により財産を取得した者または被相続人からの贈与について相続時精算課税制度の適用を受けた個人です（相続税法第1条の3）。相続税の申告書は、相続または遺贈により財産を取得した者の納税地の所轄税務署長に提出することとなります（相続税法第27条1項）。

　相続税の納付期限については、期限内申告書を提出した者は、申告書の提出期限であり（相続税法第33条）、期限後に申告書または修正申告書を提出した者は、それらの申告書を提出した日となります（国税通則法第35条2項1号）。

　相続税の納付については、現金納付が原則ですが、一時に納付することが困難な場合は、延納制度（相続税法第38条～40条）および物納制度（相続税法第41条～48条の3）が設けられています。

　延納が許可されるための要件は、次のとおりです。

① 　申告・更正又は決定による納付すべき相続税額が10万円を超えること。

② 金銭納付を困難とする事由があること。
③ 必要な担保を提供すること（ただし、延納税額が100万円以下で、かつ、延納期間が３年以下である場合は不要です）
④ 相続税の納期限又は納付すべき日までに延納申請書を提出すること。

相続税申告業務を受託した税理士について、「相続税の納付がいつ必要であるのかを相続人に説明し、その納付が可能であるかどうかを確認し、これができない場合には、延納許可申請の手続をするかどうかについて意思を確認するのは、相続税の確定申告に付随する義務」であるとして、説明助言義務違反を認めた事例があります（東京高裁平成７年６月19日判決・判例時報1540・48頁）ので、注意が必要です。可能であれば、書面で説明したことを証拠化しておきたいところです。

（1）納税義務者の種類

（1）居住無制限納税義務者

相続又は遺贈により財産を取得した次に掲げる者であって、その財産を取得した時において日本国内に住所を有するものをいいます。
① 一時居住者でない個人
② 一時居住者である個人（その相続又は遺贈に係る被相続人（遺贈をした人を含みます。）が、一時居住被相続人又は非居住被相続人である場合を除きます。）

（2）非居住無制限納税義務者

相続又は遺贈により財産を取得した次に掲げる者であって、その財産を取得した時において日本国内に住所を有しないものをいいます。
① 日本国籍を有する個人であって、
　（ア）その相続又は遺贈に係る相続の開始前10年以内のいずれかの時において日本国内に住所を有していたことがあるもの、

又は

（イ）その相続又は遺贈に係る相続の開始前10年以内のいずれの時においても日本国内に住所を有していたことがないもの（その相続又は遺贈に係る被相続人（遺贈をした人を含みます。）が一時居住被相続人又は非居住被相続人である場合を除きます。）。

② 日本国籍を有しない個人（その相続又は遺贈に係る被相続人（遺贈をした人を含みます。）が一時居住被相続人、非居住被相続人又は非居住外国人である場合を除きます。）。

但し、平成27年7月1日以降に「国外転出時課税の納税猶予の特例」の適用を受けていたときは、上記と取り扱いが異なる場合があります。

（3）制限納税義務者

相続又は遺贈により日本国内にある財産を取得した個人で、その財産を取得した時において、

（ア）日本国内に住所を有するもの（居住無制限納税義務者を除きます。）、

又は

（イ）日本国内に住所を有しないもの（非居住無制限納税義務者を除きます。）。

（4）特定納税義務者

贈与により相続時精算課税の適用を受ける財産を取得した個人（上記無制限納税義務者及び制限納税義務者に該当する人を除きます。）。

（5）社団や財団、相続人が外国に住んでいるときの「一時居住者」、「一時居住被相続人」、「非居住被相続人」、「非居住外国人」の場合についての説明については割愛します。

（6）平成30年度税制改正における相続税および贈与税の納税義務に関する内容は、次のとおりです。

相続開始又は贈与の時において国外に住所を有する日本国籍を有しない者が、国内に住所を有しないこととなった時前15年以内において国内に住所を有していた期間の合計が10年を超える被相続人又は贈与者（この期間引き続き日本国籍を有していなかった者であって、相続開始又は贈与の時において国内に住所を有していないものに限ります。）から相続若しくは遺贈又は贈与により取得する国外財産については、相続税又は贈与税を課さないこととされました。ただし、その贈与者が、国内に住所を有しないこととなった日から同日以後2年を経過する日までの間に国外財産を贈与した場合において、同日までに再び国内に住所を有することとなったときにおけるその国外財産に係る贈与税については、この限りではありません。

　国籍の判定の誤りにより、税理士が損害賠償請求を受け、損害賠償責任が認められた事例として、東京地裁平成26年2月13日判決（TAINS Z999-0145）があります。この事例は、相続税申告業務において、税理士は、相続人の1人が長期間アメリカ合衆国で生活していることから、アメリカ合衆国に帰化して日本国籍を喪失しており、制限納税義務者に該当する可能性があると考え、関係者に確認したところ、関係者からは、「確かにアメリカ合衆国の国籍を取得したが、日本国籍を放棄していないため、二重国籍である」と回答があったので、税理士は、これを前提に制限納税義務者ではないことを前提として、申告書を作成したものです。ところが、本件では、国籍法によると、アメリカ合衆国の国籍を取得した時点で日本国籍を喪失していた、というものです。この事例において、裁判所は、まず一般論として、「確かに、税理士は、税務に関する専門家であるから、一般的には租税に関する法令以外の法令について調査すべき義務を負うものではない」と述べて、一般的法令調査義務はない、と判示しましたが、相続税申告にあたっては、相続人が日本国籍

を有しない制限納税義務者かどうか確認する必要があり、国籍を有するかどうかは国籍法が規定しているから、国籍法を確認する義務を負う、としました。

国籍法第11条1項は、「日本国民は、自己の志望によって外国の国籍を取得したときは、日本の国籍を失う。」と規定し、戸籍の記載の有無にかかわらず、自己の志望によって外国の国籍を取得したときは、何らの手続を要せずに当然に日本国籍を失うこととなります。

（2）相続税額2割加算

相続または遺贈によって財産を取得した者が、その相続または遺贈にかかる被相続人の一親等の血族、配偶者以外の者である場合には、その者について算出された相続税額に対して2割を加算します（相続税法第18条1項）。この一親等の血族には、被相続人の直系卑属が当該被相続人の養子となっている場合を含まないこととされています（同条2項）ので、孫やひ孫と養子縁組にすることにより、2割加算を潜脱することはできません。

（3）連帯納付義務

相続税および贈与税においては、自己が取得した財産にかかる相続税または贈与税だけでなく、他人にかかる相続税または贈与税について連帯して納付する義務がある場合があります。これを連帯納付義務といいます。連帯納付義務で注意すべきは、以下のような場合です。

（一）相続人または受遺者が2人以上ある場合は、その相続または遺贈により取得した財産に係る相続税について、その相続または遺贈により受けた利益の価額に相当する金額を限度として連帯納付義務があります（相続税法第34条1項）。

(二) 相続税または贈与税の申告をすべき者が、これらの申告書を提出する前に死亡した場合で、その者の相続人または受遺者が2人以上いるときは、これらの者は、被相続人の納付すべき相続税または贈与税について、相続または遺贈により受けた利益の価額に相当する金額を限度として、相互に連帯納付義務を負担します（相続税法第34条2項）。

(三) 相続税または贈与税の課税価格の計算の基礎となった財産について、贈与、遺贈または寄付行為による移転があった場合は、その贈与もしくは遺贈により財産の取得をした者または寄付行為により設立された法人は、その贈与、遺贈または寄付行為をした者が納付すべき相続税または贈与税の額のうち、相続または遺贈を受けた財産の価額に対応する部分の金額について、その受けた利益の価額に相当する金額を限度として、連帯納付義務を負担します（相続税法第34条3項）。

(四) 財産を贈与した者は、その贈与により財産を取得した者のその年分の贈与税額のうち、贈与した財産の価額に対応する部分の金額について、その財産に相当する金額を限度として、連帯納付義務を負担します（相続税法第34条4項）。

(五) ただし、申告期限から5年を経過した場合、延納の許可を受けた場合、納税猶予の適用を受けた場合は、連帯納付義務を負担しません（相続税法第34条1項1号～3号）。

(六) 連帯納付義務を負担する者が、自己の負担部分を超えて連帯納付義務を履行した場合には、当該部分の納税義務を免れた相続人または受遺者に対し、求償権を取得します。この場合、求償権を放棄したり、求償権を行使しないことで放棄したとみなされたりした場合には、贈与があったものとみなされる可能性があります（相続税法基本通達8－3）。

相続税における基礎控除

　相続税法における遺産の基礎控除額は、次の計算式で計算した金額です（相続税法第15条１項）。

　3,000万円＋（600万円×法定相続人の数）＝遺産にかかる基礎控除額

　但し、養子がある場合には制限があり、基礎控除の計算においては、養子の数は、次のように計算します。

① 　被相続人に実子がある場合は、養子が２人以上いても１人として計算する。

② 　被相続人に実子がない場合は、養子の数が３人以上でも２人として計算する。

　但し、次の場合には、養子であっても、実子として計算することになります（相続税法第15条３項、相続税法施行令第３条の２）。

① 　特別養子縁組の場合

② 　被相続人の配偶者の実子で被相続人の養子になった者

③ 　被相続人の配偶者と特別養子縁組による養子になった者で、被相続人とその配偶者との婚姻後に被相続人の養子になった者

④ 　相続人の養子で代襲相続人の地位を兼ねる者

　なお、相続税法第63条では、養子の数を基礎控除における相続人の数に算入することが、相続税の負担を不当に減少させる結果となると認められる場合においては、税務署長は、当該養子の数を当該相続人の数に算入しない計算することができるとしています。

　基礎控除額を増額させるための節税策として、税理士の助言に従い、養子縁組をした事案において、民法第802条１号「縁組をする意思がないとき」に該当し、無効ではないか、が争われた裁判例があります。こ

の事案において、最高裁平成29年1月31日判決（百選Ⅲ第2版38）は、「養子縁組は、嫡出親子関係を創設するものであり、養子は養親の相続人となるところ、養子縁組をすることによる相続税の節税効果は、相続人の数が増加することに伴い、遺産に係る基礎控除額を相続人の数に応じて算出するものとするなどの相続税法の規定によって発生し得るものである。相続税の節税のために養子縁組をすることは、このような節税効果を発生させることを動機として養子縁組をするものにほかならず、相続税の節税の動機と縁組をする意思とは、併存し得るものである。したがって、専ら相続税の節税のために養子縁組をする場合であっても、直ちに当該養子縁組について民法802条1号にいう『当事者間に縁組をする意思がないとき』に当たるとすることはできない」と判示しました。

5 配偶者控除

　被相続人の配偶者については、その課税価格が、課税価格の合計額のうち配偶者の法定相続分相当額までの場合、または、1億6,000万円以下である場合には、税額が控除され、相続税額は課されません。これを「配偶者に対する相続税額の軽減」といいます（相続税法第19条の2第1項）。ただし、隠ぺい仮装行為に基づいて相続税の申告をしたり、申告をしなかったり、という場合には、その隠ぺい仮装行為による部分については、税額軽減は適用されません（同条第5項、6項）。

　配偶者に対する相続税額の軽減は、申告期限までに遺言や遺産分割によって配偶者が実際に遺産を取得したものに限って適用され、未分割の財産については適用されないのが原則です。この場合には、配偶者に対する相続税額の軽減を受けずに相続税を一旦納付し、その後申告期限か

ら3年以内に遺産分割等により配偶者の取得財産が確定したときは、確定した日の翌日から4ヶ月以内に更正の請求を行うことになります（相続税法第32条1項1号）。

　申告期限から3年以内に遺産分割をすることがやむを得ず困難な場合は、その旨を記載した承認申請書を申告期限から3年を経過する日の翌日から2ヶ月以内に税務署長宛に提出し、その承認を得ておく必要があります（相続税法第19条の2第2項、相続税法施行令第4条の2第2項）。

　未分割の場合の承認申請書を提出しなかったことについて、税理士の説明義務違反および任務懈怠に基づく損害賠償請求がされた事案があります。東京地裁平成15年9月8日判決（TAINS　Z999-0083）です。この事案では、裁判所は、依頼者は弁護士の紹介で税理士に委任することになったところ、弁護士解任とともに遺産分割経過を税理士に報告しなくなってしまったことから、税理士が遺産分割が3年以上かかることまで予想して説明することを要求するのは酷であるとして説明義務を認めませんでした。しかし、このような紛争が予想されることからすると、契約時または申告時において、上記取扱を説明する文書を交付し、受領印を得ておくことが望ましいでしょう。

　また、東京地裁平成7年11月27日判決（TAINS　Z999-0019）は、相続税の財産評価を誤るとともに、配偶者に対する税額軽減を適用せずに相続税申告書を作成、提出した事例についての判決です。この判決では、税理士は、「税務の専門家として、租税に関する法令、通達等に従い、適切に相続税の申告手続をすべき義務を負うことはもちろん、納税義務者たる」依頼者の「信頼にこたえるべく、相続財産について調査を尽くした上、相続財産を適切に各相続人に帰属させる内容の遺産分割案を作成、提示するなどして、」依頼者に「とってできる限り節税となり

うるような措置を講ずべき義務をも負う」と判示しています。

6 未成年者控除

　相続または遺贈により財産を取得した者が、被相続人の法定相続人で、かつ、未成年者である場合には、その者の計算した税額から満20歳に達するまでの年数の1年につき10万円を乗じた金額を控除します（相続税法第19条の3）。以下の計算式となります。

　10万円×（20歳－未成年者の年齢）＝未成年者控除額

　端数は、1年として計算します

　たとえば、19歳4ヶ月の者の場合には、次のようになります。

　20歳－19歳4ヶ月＝0年8ヶ月→1年

　未成年者控除が適用されるのは、次の者です。

①制限納税義務者でないこと
②被相続人の法定相続人であること
③20歳未満であること

7 障害者控除

　相続または遺贈により財産を取得した者が、被相続人の法定相続人で、かつ、85歳未満の障害者である場合には、その者の計算した税額から満85歳に達するまでの年数の1年につき10万円（特別障害者は20万円）を乗じた金額を控除します（相続税法第19条の4）。以下の計算式となります。

10万円×(85歳-障害者の年齢)＝障害者控除額

(特別障害者の場合)

20万円×(85歳-障害者の年齢)＝障害者控除額

障害者とは、精神または身体に障害のある者で一定の者をいいます。特別障害者とは、障害者のうち、精神上の障害により事理を弁識する能力を欠く常況にある者など、精神または身体に重度の障害がある者で一定の者をいいます。

障害者控除が適用されるのは、次の者です。

① 居住無制限納税義務者または相続税法の施行地に住所を有する特定納税義務者であること
② 被相続人の法定相続人であること
③ 85歳未満であること
④ 障害者または特別障害者であること

8 その他の相続税法上の控除

10年以内に2回以上相続が開始し、相続税が課せられる場合には、前回の相続につき課せられた税額の一定割合相当額を、後の相続の際の相続税額から控除する制度があります。これを相次相続控除といいます(相続税法第20条)。

相続または遺贈により外国の財産を取得した場合に、外国の法令により相続税に相当する税が課せられたときは、その課せられた金額を相続税額から控除する制度があります。これを在外財産に対する相続税額の控除といいます(相続税法第20条の2)。

9 相続時精算課税制度

　相続時精算課税制度は、贈与税の暦年課税制度に代えて、納税者の選択により、贈与時には一定の贈与税額（特別控除額累積2500万円、税率一律20％）を納付し、その後、その贈与をした者の相続時には、本制度を利用した受贈財産の価額と相続または遺贈により取得した財産の価額の合計額を課税価格として計算した相続税額から既に納付した本制度に係る贈与税額を控除した金額を納付する（贈与税額が相続税額を上回る場合は還付）制度です（相続税法第21条の9～18）。平成15年度税制改正により創設されました。

　高齢化の進展に伴う社会的要請を踏まえ、生前における贈与による資産移転の円滑化に資することを目的としています。

　この制度の概要は、以下のとおりです。

（1）贈与者は、贈与をした年の1月1日において60歳以上の者です。
（2）受贈者は、贈与者の推定相続人である直系卑属および孫のうち、贈与を受けた年の1月1日において20歳以上の者です。
（3）贈与財産の種類、価額、贈与の回数の制限はありません。
（4）相続時精算課税制度の適用を受けようとする受贈者は、贈与を受けた財産に係る贈与税の申告期間内に「相続時精算課税選択届出書」を贈与税の申告書に添付して、納税地の所轄税務署長に提出します（相続税法第21条の9第6項）。この届出書は、贈与者ごとに作成する必要があります。また、いったん届出書を提出したら、それを撤回することはできません。
（5）本制度の届出をした贈与者からの贈与により取得する財産については、当該届出書に係る年分以降、全て本制度の適用を受けることに

なります（相続税法第21条の9第3項）。

（6）その年中において贈与により取得した財産についての贈与税額は、贈与者ごとに計算した贈与税の課税価格（特別控除額を控除した金額）にそれぞれ20％の税率を乗じた計算した金額です（相続税法第21条の13）。

特別控除額とは、以下のうちいずれか低い金額です（相続税法第21条の12第1項）

① 2,500万円（既にこの特別控除を適用した金額がある場合には、その金額の合計額を控除した残額）

② 本制度を適用した贈与者ごとの贈与税の課税価格

（7）相続時精算課税適用者が、本制度を適用した贈与者の相続に際し、相続または遺贈により財産を取得した時は、相続時精算課税の適用を受けた財産については相続税の課税価格に加算します（相続税法第21条の15第1項）。また、当該相続に際し、財産を取得しなかった場合は、相続時精算課税の適用を受けた財産については、相続または遺贈により取得したものとみなされます（相続税法第16条1項）。

（8）相続時精算課税の適用を受ける財産について課せられた贈与税相当額は、相続税額から控除されます（相続税法第21条の15第3項）。相続税額から控除しきれない贈与税相当額は、還付されます（相続税法第27条3項、33条の2）。

（9）住宅取得等資金の贈与については、特例が設けられています（租税特別措置法第70条の3）。

10 納税猶予制度

各種政策的配慮や要請から、一定の場合に納税が猶予される制度が定められています。

① 農地等に対する相続税の納税猶予および免除の特例（租税特別措置法第70条の6第1項、租税特別措置法施行令第40条の7、租税特別措置法第70条の6第39項）

② 山林についての相続税の納税猶予および免除の特例（租税特別措置法第70条の6の4）

③ 非上場株式等についての納税猶予および免除の特例（租税特別措置法第70条の7、70条の7の2、70条の7の5、70条の7の6）－事業承継税制

④ 医業継続に係る相続税・贈与税の納税猶予および免除の特例（租税特別措置法第70条の7の9、70条の7の12）

⑤ 特定美術品に係る相続税の納税猶予制度（租税特別措置法第70条の6の7）

なお、相続税の申告業務を受任した税理士が、納税猶予を申請するにあたり、「相続税の納税猶予に関する適格者証明書」および担保提供書の添付を怠ったことを理由として損害賠償請求された事案において、財産的損害は認めなかったものの、税理士に対し、慰謝料110万円の支払を命じた裁判例があります（東京地裁平成16年3月31日判決・TAINS Z999-0097）。

11 贈与税の申告内容の開示制度

相続または遺贈（相続時精算課税制度の適用を受ける財産の贈与を含む）により財産を取得した者は、他の共同相続人等がある場合には、被相続人に係る相続税の期限内申告書等の提出または更正の請求に必要となるときに限り、他の共同相続人等がその被相続人から相続開始前3年以内に取得した財産または相続時精算課税の適用を受けた財産に係る贈与税の申告書に記載された贈与税の課税価格の合計額について、開示の請求をすることができます（相続税法第49条1項）。

12 節税対策で税理士が損害賠償命令を受けた事例

　税理士が代表を務めるコンサルタント会社が、相続税の節税策に関する委任契約を締結し、文言上は、財産評価基本通達に則った節税策の助言をしたところ、税務署長から、否認され、多額の贈与税および過少申告加算税等の賦課決定処分を受けたことから、依頼者が税理士に対して損害賠償請求をした東京地裁平成10年11月26日判決（TAINS　Z999－0047）があります。
　税務署長の否認の根拠は、財産評価基本通達総則6項「この通達の定めによって評価することが著しく不適当と認められる財産の価額は、国税庁長官の指示を受けて評価する。」というものです。
　この事例においては、裁判所は、税理士は、「立法の趣旨に反せず、課税実務において認められる内容の相続税対策を考案し、これをもって自己が経営する会社等を介して税務相談をすべき注意義務がある」として、たとえ通達に文言上則った処理だとしても、行きすぎた節税策を採用した場合には、その処理が否定され、税理士に損害賠償責任が生ずる旨判示しました。

第 3 章

相続の承認・放棄

相続は、被相続人の死亡によって開始します（民法第882条）。しかし、相続財産は必ずしもプラスの財産だけではなく、マイナスの負債も相続の対象となりますし、相続人が相続による財産承継を望まない場合もあります。

　そこで、相続の開始があった時は、相続人は、相続の仕方について、3つの方法を選択することができます。その3つとは、①単純承認、②限定承認、③相続放棄、です。

 単純承認

（1）単純承認となる場合

　相続人が単純承認をすると、被相続人の権利義務を無限に相続することになります（民法第920条）。相続人が単純承認する旨の意思表示をすると、単純承認の効果が発生しますが、次の3つの場合には、承認の意思表示をしなくても、単純承認をしたものとみなされます。なお、単純承認は、相続開始後でなければすることができません。

① 相続財産の全部または一部の処分（民法第921条1項）

　相続人が自己のために相続が開始した事実を知り、又は確実に予想しながら、相続財産を処分したときは、単純承認したものとみなされます。債権の取り立てや代物弁済は、処分したときにあたります。また、賃貸不動産の賃料振込名義を変更することも、処分行為とされています。ただし、保存行為や短期賃貸をすることは、単純承認にはあたりません（同項但し書き）。

　遺産から葬儀費用を支出する行為は、処分行為にはあたらないとした

大阪高裁平成14年7月3日決定（家月55巻1号82頁）があります。

相続人が有効に限定承認または放棄をした後に相続財産を処分しても、単純承認にはあたりません。ただし、後述③に該当する場合を除きます。

② 熟慮期間の経過（民法第921条2項）

相続人は、自己のために相続の開始があったことを知ったときから3ヶ月以内に、家庭裁判所に対して限定承認または相続放棄をすることができます（民法第915条1項）。これを熟慮期間といいます。熟慮期間は、相続人が承認・放棄をするにあたり、相続財産の内容を調査して、いずれにするかを考慮する余裕を与えようとするものです。熟慮期間は、利害関係人または検察官の請求によって、家庭裁判所において伸長することができます。

「自己のために相続の開始があったことを知ったとき」とは、死亡の事実を知ったことに加えて、それによって具体的に自分が相続人となったことを知ったときです。ただし、最高裁昭和59年4月27日判決（百選Ⅲ75）は、次のように判示しています。

「相続人が、右各事実を知った場合であっても、右各事実を知った時から3か月以内に限定承認又は相続放棄をしなかったのが、被相続人に相続財産が全く存在しないと信じたためであり、かつ、被相続人の生活歴、被相続人と相続人との間の交際状態その他諸般の状況からみて当該相続人に対し相続財産の有無の調査を期待することが著しく困難な事情があって、相続人において右のように信ずるについて相当な理由があると認められるときには、相続人が前記の各事実を知った時から熟慮期間を起算すべきであるとすることは相当でないものというべきであり、熟慮期間は相続人が相続財産の全部又は一部の存在を認識した時又は通常これを認識しうべき時から起算すべきものと解するのが相当である」

相続人が数人いる場合には、熟慮期間は、相続人がそれぞれ自己のた

めに相続の開始があったことを知った時から格別に進行します（最高裁昭和51年7月1日判決・家裁月報29巻2号91頁）。

相続人が未成年者または成年被後見人であるときは、熟慮期間は、その法定代理人が未成年者または成年被後見人のために相続の開始があったことを知った日から起算します（民法第917条）。

相続人が熟慮期間内に限定承認または相続放棄をしなかったときは、相続人は単純承認したものとみなされます。

③ 相続財産の隠匿等（民法第921条3項）

相続人が、限定承認または相続の放棄をした後であっても、相続財産の全部または一部を相続債権者から隠匿し、ひそかに消費したり、または悪意でこれを相続財産の目録中に記載しなかったときは、単純承認したものとみなされます。ただし、その相続人が相続放棄をしたことによって相続人となった者が相続の承認をしたときは、単純承認の効果は生じません。

（2）単純承認の効果

一度単純承認をすると、熟慮期間内であっても撤回することはできなくなります（民法第919条1項）。ただし、制限行為能力者の場合、詐欺・強迫など意思表示に瑕疵がある場合、後見人が後見監督人の同意なく承認したときは、取消すことができます（民法第919条2項）。

単純承認の取り消しは、追認することができるときから6ヶ月間行使しないときは、時効によって消滅します。相続の承認から10年を経過したときも同じく消滅します。

また、相続の承認の意思表示に錯誤（民法第95条）などの無効原因があるときは、無効を主張することができます。

2 相続放棄

(1) 相続放棄となる場合

　相続は、被相続人の死亡によって開始します（民法第882条）。しかし、相続開始によって生じた相続の効果を、全面的・確定的に消滅させることができます。その行為を相続放棄といいます。

　相続放棄は、家庭裁判所に対して申述することによって行います（民法第938条）。相続放棄は、相続開始後でなければすることができず、相続開始前にしても効果を発生しません。家庭裁判所の管轄は、被相続人の最後の住所地を管轄する家庭裁判所です。

　相続放棄は、自己のために相続の開始があったことを知ったときから3ヶ月以内にしなければなりません（民法第915条1項）。これを熟慮期間といいます。この熟慮期間は、利害関係人または検察官の請求によって、家庭裁判所において伸長することができます。

　「自己のために相続の開始があったことを知ったとき」とは、死亡の事実を知ったことに加えて、それによって具体的に自分が相続人となったことを知ったときです。ただし、最高裁昭和59年4月27日判決（百選Ⅲ75）は、次のように判示しています。

　「相続人が、右各事実を知った場合であっても、右各事実を知った時から3か月以内に限定承認又は相続放棄をしなかったのが、被相続人に相続財産が全く存在しないと信じたためであり、かつ、被相続人の生活歴、被相続人と相続人との間の交際状態その他諸般の状況からみて当該相続人に対し相続財産の有無の調査を期待することが著しく困難な事情があって、相続人において右のように信ずるについて相当な理由がある

と認められるときには、相続人が前記の各事実を知った時から熟慮期間を起算すべきであるとすることは相当でないものというべきであり、熟慮期間は相続人が相続財産の全部又は一部の存在を認識した時又は通常これを認識しうべき時から起算すべきものと解するのが相当である」

相続人が数人いる場合には、熟慮期間は、相続人がそれぞれ自己のために相続の開始があったことを知った時から格別に進行します（最高裁昭和51年7月1日判決・家裁月報29巻2号91頁）。

相続人が未成年者または成年被後見人であるときは、熟慮期間は、その法定代理人が未成年者または成年被後見人のために相続の開始があったことを知った日から起算します（民法第917条）。

（2）相続放棄の効果

相続放棄をした者は、その相続に関しては、はじめから相続人でなかったものとみなされます（民法第939条）。そして、相続放棄があった場合、相続放棄をした者の子は、代襲相続することはできません。相続放棄は代襲原因とされていないためです（民法第887条2項）。

相続放棄には絶対効があり、何人に対しても、登記等なくして相続放棄の効果を対抗できるとされています（最高裁昭和42年1月20日判決・民法百選Ⅲ72）。

父が死亡して相続が開始し、相続人である長男が承認や放棄等をする前に死亡して、長男に子がいるような場合を「再転相続」といいます。この再転相続の場合、長男の子の相続放棄に関しては、次のようになります。最高裁昭和63年6月21日判決（民法百選Ⅲ76）です。

① 長男の子が長男の相続に関して相続放棄した場合は、父の相続に関して承認も放棄もできない。
② 長男の子が長男の相続に関して相続放棄していないときは、父の相

続に関して放棄することができ、かつ、長男の相続に関して承認または放棄をすることができる。

なお、相続放棄をした者は、その放棄によって相続人となった者が相続財産の管理を始めることができるようになるまで、自己の財産におけると同一の注意をもって、その財産の管理を継続しなければなりません（民法第940条）。

（3） 相続分の放棄

相続放棄と異なるものとして、「相続分の放棄」があります。これは、共同相続人が自分の相続分を放棄することです。方式は問いませんが、書面ですることにより、証拠化する方がよいでしょう。相続分の放棄は、遺産分割がなされるまでの間は、いつでもできます。

相続分の放棄は、相続放棄と異なり、相続人の地位を失うものではありません。したがって、相続債務を免れるわけではありませんので、注意が必要です。

また、相続放棄がなされた場合と相続分の放棄がなされた場合では、他の共同相続人の相続分に与える影響に違いが出てきます。

具体例で説明します。

被相続人に妻、長男、次男の共同相続人がいるとします。法定相続分は、妻2分の1、長男4分の1、次男4分の1です。ここで、次男が相続放棄をすると、次男は、はじめから相続人ではなかったことになります。そうすると、相続人は、妻と長男になりますので、それぞれの相続分は、2分の1ずつ、ということになります。

しかし、次男が相続分の放棄をした場合には、次男の相続人の地位は失われません。したがって、法定相続分は、妻2分の1、長男4分の1、次男4分の1です。ここで、次男が相続分の放棄をして、自分の相続分

を放棄しますので、次男の4分の1が、妻2分の1と長男4分の1の比率に応じて配分されます。そうすると、

妻 $\frac{1}{2}\left(\frac{2}{4}\right)$：長男 $\frac{1}{4}$ ＝ 2：1 の比率です。相続分率は、$\frac{2}{3}:\frac{1}{3}$ です。

次男の $\frac{1}{4}$ を、これに配分すると、

妻 $\frac{2}{3}\times\frac{1}{4}=\frac{1}{6}$

長男 $\frac{1}{3}\times\frac{1}{4}=\frac{1}{12}$

これを、元の法定相続分に加算すると、

妻 $\frac{1}{2}+\frac{1}{6}=\frac{4}{6}=\frac{2}{3}$

長男 $\frac{1}{4}+\frac{1}{12}=\frac{4}{12}=\frac{1}{3}$

したがって、次男が相続分の放棄をした場合には、妻の相続分が3分の2、長男の相続分は3分の1となります。

限定承認

（1）限定承認となる場合

限定承認は、相続によって得た財産の限度においてのみ被相続人の債務及び遺贈を弁済すべきことを留保して相続を承認する行為です（民法第922条）。

限定承認は、家庭裁判所に対して申述することによって行います（民法第924条）。家庭裁判所の管轄は、被相続人の最後の住所地を管轄する家庭裁判所です。限定承認は、相続開始後でなければすることができず、相続開始前にしても効果を発生しません。また、限定承認は、単独

ですることができず、相続人全員が共同してしなければなりません（民法第923条）。包括受遺者がある場合は、包括受遺者も共同してする必要があります。

　限定承認は、自己のために相続の開始があったことを知ったときから3ヶ月以内にしなければなりません（民法第915条1項）。これを熟慮期間といいます。この熟慮期間は、利害関係人または検察官の請求によって、家庭裁判所において伸長することができます。

　「自己のために相続の開始があったことを知ったとき」とは、死亡の事実を知ったことに加えて、それによって具体的に自分が相続人となったことを知ったときです。ただし、最高裁昭和59年4月27日判決（百選Ⅲ75）は、次のように判示しています。

　「相続人が、右各事実を知った場合であっても、右各事実を知った時から3か月以内に限定承認又は相続放棄をしなかったのが、被相続人に相続財産が全く存在しないと信じたためであり、かつ、被相続人の生活歴、被相続人と相続人との間の交際状態その他諸般の状況からみて当該相続人に対し相続財産の有無の調査を期待することが著しく困難な事情があって、相続人において右のように信ずるについて相当な理由があると認められるときには、相続人が前記の各事実を知った時から熟慮期間を起算すべきであるとすることは相当でないものというべきであり、熟慮期間は相続人が相続財産の全部又は一部の存在を認識した時又は通常これを認識しうべき時から起算すべきものと解するのが相当である」

（2）限定承認の効果

　限定承認をすると、相続人は被相続人の権利義務を全て承継しますが、相続債務に関しては、相続した積極財産の限度でのみ弁済の責任を負うことになります。

限定承認をした相続人は、相続財産を精算することになります。まず、限定承認者は、その固有財産におけるのと同一の注意をもって、相続財産の管理を継続しなければならなくなります（民法第926条1項）。

　限定承認者は、限定承認をした後5日以内に、全ての相続債権者および受遺者に対し、限定承認をしたことおよび2ヶ月以上の一定の期間内にその請求の申出をすべき旨を公告しなければなりません（民法第927条1項）。

　限定承認者に知られておらず、かつ、この期間内に申出をしなかった相続債権者や受遺者は、法に従った弁済をした後の残余財産についてのみその権利を行使することができます（民法第935条）。

　限定承認者は、相続債権者や受遺者から請求があっても、公告した期間の満了前には、弁済を拒むことができます（民法第928条）。

　公告した期間が満了した後は、限定承認者は、相続財産をもって、その期間内に申出のあった相続債権者や知れている相続債権者に、それぞれの債権額の割合に応じて弁済しなければなりません。ただし、優先権を有する債権者の権利を害することはできません（民法第929条）。

　この弁済は、当該債権が弁済期前であっても弁済しなければならず、債権が条件や不確定期間にかかっているものについては、家庭裁判所が選任した鑑定人の評価に従って弁済しなければなりません（民法第930条1項、2項）。

　限定承認者は、相続債権者に対して弁済した後でなければ、受遺者に対して弁済することができません（民法第931条）。

　金銭以外の相続財産があり、相続債権者や受遺者に対して弁済するにあたり、相続財産を換価しなければならない場合は、限定承認者は、競売に付して換価しなければなりません（民法第932条）。

　限定承認をした相続人が不動産を死因贈与され、所有権移転登記をし

	単純承認	限定承認	相続放棄
概要	被相続人の権利義務を無限に相続すること	相続によって得た財産の限度においてのみ被相続人の債務及び遺贈を弁済すべきことを留保して相続を承認する行為	相続開始によって生じた相続の効果を、全面的・確定的に消滅させることにする行為
要件	①相続財産の全部または一部の処分 ②熟慮期間内に限定承認・放棄をしない ③限定承認・相続放棄の後で相続財産の全部または一部を隠匿し、私に消費し、悪意で相続財産の目録中に記載しない	熟慮期間（原則として3ヶ月以内）に、家庭裁判所に対して申述する。	同左。
効果	限定承認や相続放棄ができなくなり、被相続人の権利義務を無限に相続する。	①相続によって得た財産の限度で被相続人の債務及び遺贈を弁済する義務を負う。 ②相続財産目録の作成 ③相続財産の管理 ④相続債権者・受遺者への弁済	その相続に関しては、はじめから相続人でなかったものとみなされる。

た後に、相続債権者が差押登記をした場合に、相続人は所有権移転登記をもって相続債権者に対抗できるか、が争われた事案があります。この事案において、最高裁平成10年2月13日判決（民法百選Ⅲ77）は、「不動産の死因贈与の受贈者が贈与者の相続人である場合において、限定承認がされたときは、死因贈与に基づく限定承認者への所有権移転登記が相続債権者による差押登記より先にされたとしても、信義則に照らし、限定承認者は相続債権者に対して不動産の所有権取得を対抗することができない」と判示しています。

　所得税法上、相続人が限定承認をした場合は、被相続人が相続時点に

おいて資産を譲渡したものとみなされます（所得税法第59条1項1号）。したがって、相続があったことを知った日の翌日から4ヶ月以内に準確定申告が必要となります。これにより、相続人は、相続開始時点において、その資産を時価で取得したものとみなされることになります。

　これは、熟慮期間を伸長した場合も同じです。相続開始から4ヶ月を経過した後に準確定申告をした事例において、延滞税を課した裁判例として、東京高裁平成15年3月10日判決（TAINS：Z253－9302）があります。

第4章

相続財産の確定

1　一身専属的権利義務

　相続人は、相続開始の時から、被相続人の財産に属した一切の権利義務を承継します（民法第896条）。ただし、被相続人の一身に専属したものは、承継されません（同条但し書き）。一身に専属したものについては、法律に規定するものと、その性質上一身に専属したものがあります。

　民法に規定するものとしては、次のようなものがあります。

① 　代理における本人・代理人の地位（民法第111条）
② 　使用貸借の借主の地位（民法第599条）
③ 　委任契約における委任者・受任者の地位（民法第653条）
④ 　組合における組合員の地位（民法第679条）

　その性質上一身に専属した権利としては、身元保証契約における責任具体化前の地位、扶養の権利義務、親権などがあります。

　ただし、判例の中には、上記に反する結論を出しているものもあります。建物所有目的の土地の使用貸借について、東京地裁平成5年9月14日判決（判例タイムズ870号208頁）は、次のように判示しています。

　「民法上、使用貸借契約は、借主の死亡によってその効力を失うとの規定が存する（同法599条）。しかしながら、同規定は、使用貸借が無償契約であることに鑑み、貸主が借主との特別な関係に基づいて貸していると見るべき場合が多いことから、当事者の意思を推測して、借主が死亡してもその相続人への権利の承継をさせないことにしたにすぎないものと解される。そして、土地に関する使用貸借契約がその敷地上の建物を所有することを目的としている場合には、当事者間の個人的要素以上に敷地上の建物所有の目的が重視されるべきであって、特段の事情のない限り、建物所有の用途にしたがってその使用を終えたときに、その

返還の時期が到来するものと解するのが相当であるから、借主が死亡したとしても、土地に関する使用貸借契約が当然に終了するということにならないというべきである。」

また、建物を使用貸借している借主が死亡した事案について、東京高裁平成13年4月18日判決（判例時報1754号79頁）は、「民法599条は借主の死亡を使用貸借の終了原因としている。これは使用貸借関係が貸主と借主の特別な人的関係に基礎を置くものであることに由来する。しかし、本件のように貸主と借主との間に実親子同然の関係があり、貸主が借主の家族と長年同居してきたような場合、貸主と借主の家族との間には、貸主と借主本人との間と同様の特別な人的関係があるというべきであるから、このような場合に民法599条は適用されないものと解するのが相当である」と判示しています。

2 祭祀承継

系譜、祭具及び墳墓などの所有権は、相続の対象とならず、慣習に従って祖先の祭祀を主宰すべき者が承継します。被相続人が指定したときは、その指定に従います。被相続人の指定もなく、慣習も明らかでないときは、家庭裁判所が決定することになります（民法第897条1項、2項）。

3 死亡保険金

被相続人を被保険者とする死亡保険金請求権については、受取人の指

定の仕方によって、相続財産になるかどうかが異なります。

　まず、被相続人自らを死亡保険金の受取人に指定した場合は、相続財産となり、相続人に相続されることとなります。

　次に、特定の相続人を受取人に指定した場合は、死亡保険金請求権は、保険契約に基づき、保険金受取人が自らの固有の権利として取得するものであり、被相続人から承継取得したものではないとして、相続財産にならないとされています（最高裁昭和40年2月2日判決・民集19巻1号1頁）。

養老保険契約に基づき保険金受取人とされた相続人が取得する死亡保険金請求権またはこれを行使して取得した死亡保険金が、民法第903条1項（特別受益）に規定する遺贈または贈与に係る財産にあたるかいなかが争われた事案があります。この事案において、最高裁平成16年10月29日判決（百選Ⅲ61）は、死亡保険金請求権は、保険契約に基づき、保険金受取人が自らの固有の権利として取得するものであり、被相続人から承継取得したものではないとして、相続財産にならないこと、死亡保険金請求権は、被保険者が死亡したときに初めて発生するものであり、保険契約者の払い込んだ保険料と等価関係に立つものではなく、被保険者の稼働能力に代わる給付でもないことから、実質的に保険契約者または被保険者の財産に属していたとみることができないこと、などから、特別受益に該当する遺贈または贈与にかかる財産にはあたらない、と判示しました。

　ただし、その結果、「保険金受取人である相続人とその他の共同相続人との間に生ずる不公平が民法903条の趣旨に照らし到底是認することができないほどに著しいものであると評価すべき特段の事情が存する場合には、同条の類推適用により、当該死亡保険金請求権は特別受益に準じて持戻しの対象となる」としました。

そして、「特段の事情」の判断基準としては、「保険金の額、この額の遺産の総額に対する比率のほか、同居の有無、被相続人の介護等に対する貢献の度合いなどの保険金受取人である相続人及び他の共同相続人と被相続人との関係、各相続人の生活実態等の諸般の事情を総合考慮して判断」するものとしています。

そして、この事例では、「特段の事情」はないとして、特別受益性を否定しました。ちなみに、この事例は、遺産総額が6399万7631円で、相続人の1人が受領した死亡保険金等合計793万5057円でしたので、遺産総額に対する割合は、約12％です。

同じく、持戻しの対象とはならなかった事例としては、大阪家裁堺支部平成18年3月22日決定（家裁月報58巻10号84頁）があります。この事案は、遺産総額が6963万8389円で、死亡保険金が428万9134円です。裁判所は、遺産総額に対する割合が6％余りにすぎないこと、長年被相続人と生活を共にし、入通院時の世話をしていたことを理由に持戻しの対象としませんでした。

これに対し、持戻しの対象としたものに、東京高裁平成17年10月27日決定（家裁月報58巻5号94頁）があります。この事案は、遺産総額が1億0134円であり、相続人の一人が受領した保険金額が1億0129円でした。裁判所は、遺産総額に匹敵する巨額の利益を得ていること、受取人の変更がされた時、同居しておらず、被相続人夫婦の扶養や療養介護を託するといった明確な意図もないこと、他の相続人らは保険金額1000万円の保険金を受領したのみであることなどから、持戻しの対象としました。

さらに、持戻しの対象としたものに、名古屋高裁平成18年3月27日決定（家裁月報58巻10号66頁）があります。この事案は、相続開始時の遺産総額が8721万3883円であり、受け取った死亡保険金額は5154

万0864円（相続開始時約61％、遺産分割時約77％）となっていました。裁判所は、遺産総額に対する割合や保険受領した妻との婚姻期間3年5ヶ月程度だったことを理由に、持戻しの対象としました。

4 死亡退職金・遺族給付金

死亡退職金と遺族給付金は、法律上は相続財産ではなく、遺族が原始的に取得するものと解されています。

税法上は、被相続人の死亡によって、相続人その他の者が、被相続人に支給されるべきであった退職手当金、功労金その他これに準ずる給与で、被相続人の死亡後3年以内に支給が確定したものの支給を受けた場合には、その退職金等は相続または遺贈によって取得したものとみなされて相続税の課税対象となります（相続税法第3条1項2号）。

5 香典・葬儀費用

香典は、喪主に対する贈与と解されており、相続財産ではないとされています。また、葬儀費用は、喪主が負担すべきであり、喪主は、葬儀費用を支出したとしても、相続財産に対して請求することはできないとされています。

税法上は、課税価格の計算上、取得財産からの控除が認められています（相続税法第13条1項2号）。この場合に認められる葬儀費用は、葬式およびその前後に生じた出費で通常葬式に伴うものと認められるものです（相続税法基本通達13-4、13-5参照）。

6 債権・債務

　債権・債務は、相続財産を構成し、相続人に承継されます。債権については、最高裁昭和29年4月8日判決（民法百選Ⅲ65）は、「相続人数人ある場合において、相続財産中に金銭その他の可分債権あるときは、その債権は法律上当然分割され各共同相続人がその相続分に応じて権利を承継するものと解すべきである。」と判示しています。したがって、遺産分割の対象とはならず、相続開始によって、当然に相続人にその相続分に応じて承継されることになります。可分債務も同様に、相続開始によって法定相続分に従って当然に分割承継されます（大審院昭和5年12月4日決定、民集9巻1118頁）。

　共同相続人の1人が、相続財産中の可分債権について、その相続分を超えて債権を行使した場合には、他の相続人の財産に対する侵害となるから、侵害を受けて相続人は、侵害した相続人に対して、不法行為に基づく損害賠償または不当利得の返還を求めることができるとされています（最高裁平成16年4月20日判決・判例時報1859号61頁）。

　連帯債務者は、各自連帯して、債務の全部について債務を負いますが、連帯債務者の1人が死亡して相続が開始した場合には、その相続人らは、被相続人の債務が分割されたものを承継し、各自全部ではなく、その承継した範囲において、本来の債務者とともに連帯債務者となるとされています（最高裁昭和34年6月19日判決・民法百選Ⅲ63）。

　相続税の計算において債務控除できるのは、次の場合です（相続税法第13条1項、14条1項）。

①　相続人または包括受遺者が承継した債務であること
②　被相続人の債務で相続開始の際現に存するもの（公租公課を含む。）

③　確実と認められるものであること
④　葬式費用

葬式費用については、次のものが葬式費用として控除できるとされています。

①　葬式若しくは葬送に際し、又はこれらの前において、埋葬、火葬、納骨又は遺がい若しくは遺骨の回送その他に要した費用（仮葬式と本葬式とを行うものにあっては、その両者の費用）
②　葬式に際し、施与した金品で、被相続人の職業、財産その他の事情に照らして相当程度と認められるものに要した費用
③　①又は②に掲げるもののほか、葬式の前後に生じた出費で通常葬式に伴うものと認められるもの
④　死体の捜索又は死体若しくは遺骨の運搬に要した費用

葬式費用が債務控除の対象となるかどうかについては、相続税法基本通達13および14において詳細に定められています。

7　金銭

金銭については、当然分割の対象とならず、遺産分割の対象とされています。最高裁平成4年4月10日判決（民法百選Ⅲ63）は、「相続人は、遺産の分割までの間は、相続開始時に存した金銭を相続財産として保管している他の相続人に対して、自己の相続分に相当する金銭の支払を求めることはできない」としています。

8　預金債権

　預金債権については、従前、可分債権であり、相続開始により当然に分割され、各相続人が相続分に応じて権利を承継することとされており、例外的に、相続人全員の合意がある場合に限り、遺産分割の対象となる、とされていました。

　しかし、預金債権については、最高裁大法廷平成28年12月19日決定が、「共同相続された普通預金債権、通常貯金債権及び定期貯金債権は、いずれも、相続開始と同時に当然に相続分に応じて分割されることはなく、遺産分割の対象となる。」と判示したことにより、遺産分割の対象となることが明らかにされました。

　この結果、遺産分割がなされるまでの間、被相続人の医療費などの債務を被相続人の預金から引き出して支払うには、共同相続人全員の合意が必要となり、不都合が生じる結果となってしまいます。そこで、改正相続法では、預貯金債権についての仮払仮処分制度や仮払制度に関する規律を定めました。詳しくは、第9章で解説します。

　なお、被相続人名義の預金口座について、過去の取引履歴の開示を求めることができるかどうかについて、最高裁平成21年1月22日判決（民集63巻1号228頁）は、共同相続人の1人は、共同相続人全員に帰属する預金契約上の地位に基づき、被相続人名義の預金口座についてその取引経過の開示を求める権利を単独で行使することができる、としています。

9 賃料

　相続財産に賃貸不動産がある場合には、不動産は遺産分割までの間、共同相続人の共有になります。遺産分割までの間に賃料収入が発生しますが、その賃料については、相続財産には含まれず、各共同相続人がその相続分において分割単独債権として確定的に取得するとされています。最高裁平成17年９月８日判決（民法百選Ⅲ64）は、「遺産は、相続人が数人あるときは、相続開始から遺産分割までの間、共同相続人の共有に属するものであるから、この間に遺産である賃貸不動産を使用管理した結果生ずる金銭債権たる賃料債権は、遺産とは別個の財産というべきであって、各共同相続人がその相続分に応じて分割単独債権として確定的に取得する」と判示しています。

　したがって、相続財産に賃貸不動産がある場合には、相続税の対象ではなく、各共同相続人の所得税の対象となります。

　そして、同判決は、「遺産分割は、相続開始の時にさかのぼってその効力を生ずるものであるが、各共同相続人がその相続分に応じて分割単独債権として確定的に取得した上記賃料債権の帰属は、後にされた遺産分割の影響を受けないものというべきである」としています。

10 株式・投資信託受益権・国債

　相続財産に株式会社の株式がある場合には、「株式は、株主たる資格において会社に対して有する法律上の地位を意味し、株主は、株主たる地位に基づいて、剰余金の配当を受ける権利（会社法105条１項１号）、

残余財産の分配を受ける権利（同項2号）などのいわゆる自益権と、株主総会における議決権（同項3項）などのいわゆる共益権とを有するのであって…、このような株式に含まれる権利の内容及び性質に照らせば、共同相続された株式は、相続開始と同時に当然に相続分に応じて分割されることはないものというべきである」（最高裁昭和45年1月22日判決・民集24巻1号1頁）とされており、遺産分割の対象となります。

同じように、投資信託受益権や国債についても、相続開始と同時に当然に相続分に応じて分割されることはなく、遺産分割の対象とされています（最高裁平成26年2月25日判決・民法百選Ⅲ66）。

株式については、相続開始によって、共同相続人の準共有となります。この場合、会社法第106条は、「株式が二以上の者の共有に属するときは、共有者は、当該株式についての権利を行使する者一人を定め、株式会社に対し、その者の氏名又は名称を通知しなければ、当該株式についての権利を行使することができない。ただし、株式会社が当該権利を行使することに同意した場合は、この限りでない。」とされています。そして、権利行使については、特段の事情のない限り、共有株主が持分の価格に従い、その過半数で決定するとされています（最高裁平成9年9月1日判決・判例時報1599号139頁）。

11 即死による損害賠償請求権

交通事故で被相続人が死亡したときなど、不法行為に基づく損害賠償請求権は、被相続人の相続財産であるのか、相続人の固有の債権であるのか、が問題になりますが、判例では、即死の場合にも被害者が加害者に対する損害賠償請求権を取得し、その損害賠償請求権が死亡により相

続される、とされていますので、相続財産と解されています。

　税法上は、相続税関係の個別通達昭和57年5月17日付直資2－178で、以下のように定められています。

> Ⅰ．被害者の生命侵害に基づく損害賠償金
> 　交通事故等の不法行為による生命侵害があった場合において、その生命侵害に基づく損害賠償請求権は遺族およびその被害者（被相続人）自身について生じると解されていますが、相続税法上は、これらを区別することなくすべて遺族固有の請求権に基づくものとして相続税の課税価格に算入しないことにします。
> Ⅱ．被害者の財産的損害に対する損害賠償金
> 　被害者の財産的損害に対する損害賠償金については、通常の金銭債権と同様にその損害賠償請求権が相続されますから相続税の課税対象にします。

12　海外財産

　被相続人の所有に属する財産は、国内財産・海外財産を問わず、相続の対象となります。相続税法における相続財産も同様です。過去の裁判例では、相続税の申告業務を受任した税理士が、海外財産も相続財産に含まれるにもかかわらず、これを漏らして相続税申告書を作成したことを理由として損害賠償を命じたものがあります（東京地裁平成24年1月30日判決、判例時報2151号36頁）。

13 保証債務

　通常の保証債務や連帯保証債務については、相続の対象となります。限度額および期限の定めのない継続的信用保証債務については、特段の事情のない限り、保証人の死後に生じた債務について相続人は保証債務を負担しないとされています（最高裁昭和37年11月9日判決、民集16巻11号2270頁）。

　なお、平成17年4月1日以降に締結された貸金等根保証契約で、個人が保証人になっているものは、限度額の定めがない場合または契約が書面でされていない場合は、無効です（民法第465条の2）。

　身元保証契約における保証債務については、相続発生時に既に生じていた損害に限り保証債務を相続し、相続発生後に生じた損害については保証責任を負わない、とした裁判例があります（大審院昭和18年9月10日判決）。個人的な信頼関係に基づくことが理由です。ただし、身元保証人の推定相続人が当該労働者の雇い入れを使用者に懇請していた場合に、当該推定相続人が身元保証人を相続した場合には、身元保証人の地位が相続人に承継される、とした裁判例もあります（大審院昭和12年12月20日判決）。

　賃貸借契約における保証人の地位は、相続人に承継される、とされています（大審院昭和9年1月30日判決）。

　相続税の計算における債務控除において、保証債務および連帯債務は、次のように取り扱われます（相続税法基本通達14－3）。

① 保証債務については、控除しないこと。ただし、主たる債務者が弁済不能の状態にあるため、保証債務者がその債務を履行しなければならない場合で、かつ、主たる債務者に求償して返還を受ける見込みが

ない場合には、主たる債務者が弁済不能の部分の金額は、当該保証債務者の債務として控除すること。

② 連帯債務については、連帯債務者のうちで債務控除を受けようとする者の負担すべき金額が明らかとなっている場合には、当該負担金額を控除し、連帯債務者のうちに弁済不能の状態にある者（「弁済不能者」という。）があり、かつ、求償して弁済を受ける見込みがなく、当該弁済不能者の負担部分をも負担しなければならないと認められる場合には、その負担しなければならないと認められる部分の金額も当該債務控除を受けようとする者の負担部分として控除すること

14 納税義務

相続があったときは、相続人は、被相続人が有していた納税義務を承継します（国税通則法第5条1項）。相続人が複数いる場合は、各相続人がその相続分に応じて按分計算した額を承継することになります（同条2項）。

但し、所得税の青色申告の承認申請や減価償却方法の届出などの各種届出の効力は承継しません（最高裁昭和62年10月30日判決、判例時報1262号91頁）。したがって、相続人が事業を承継する場合は、改めて青色申告の承認申請等の届出をする必要があります（所得税法基本通達144－1）。消費税の簡易課税の届出書等の各種届出も同様です。

相続人のうちに相続によって得た財産の価額が承継した納税額を超える者があるときは、その相続人は、その超える価額を限度として、他の相続人が承継する納税額を納付する義務を負担します（同条3項）。

相続税の申告において、公租公課は債務控除の対象になります（相続

税法第13条2項1号）が、相続人の責めに帰すべき事由により納付・徴収されるべき延滞税、利子税、過少申告加算税、無申告加算税及び重加算税等は債務控除の対象になりません（相続税法施行令第3条）。

被相続人の所得税等にかかる過納金の還付請求権は、相続財産を構成します（最高裁平成22年10月15日判決・民集64巻7号1764頁）。

15 契約上の地位

契約上の地位は、一身専属性のないものは、相続の対象となります。したがって、賃貸借契約に基づく借主の地位も相続の対象となります。この場合の賃料の支払義務については、不可分債務とされており（大審院大正11年11月24日判決、民集1巻670頁）、相続人全員が支払義務を負担します。内縁の配偶者には相続権がありませんが、相続人がいない場合には、居住目的と賃借権については、内縁配偶者が承継することができます（借地借家法第36条）。

賃貸借契約の貸主の地位も相続の対象となります。この場合の使用収益させる義務も不可分債務とされており、相続人全員がその義務を負担します（最高裁昭和45年5月22日判決、民集24巻5号415頁）。

土地建物の売買契約を締結したものの、引き渡し前に売主または買主について相続が開始したときの相続税における相続財産は次のように扱われます（平成3年1月11日付け国税庁資産課税課情報第1号）

① 売主に相続が開始した場合は、売買契約に基づく相続開始時における残代金請求権

② 買主に相続が開始した場合は、土地建物の引渡請求権等とし、被相続人から承継した債務は相続開始時における残代金債務とする。但し、

土地建物を財産評価基本通達によって評価した価額による申告があったときは、それを認める。

16 名義財産

財産の名義人と財産帰属者が異なる場合の財産を名義財産といいます。預金、不動産、株式などに多くみられますが、それらに限られません。

法律上は、実質的な所有権を主張する者と財産の名義人となっている者との間で、「誰が所有者か」という形で争われますが、税務上は、「相続財産か、相続人の固有財産か」という形で問題になります。

名義財産か否かの判断は、諸事情の総合判断になりますが、たとえば、名義預金かどうかを判断するための要素は、以下のような事情を考慮することになります。

① 名義人に預金原資はあるか
② 預金の出捐者は誰か
③ 預金通帳、印鑑の管理は誰か
④ その預金から利得を得ているのは誰か
⑤ 通帳の届出住所は誰の住所か
⑤ 贈与契約書はあるか
⑥ 贈与税の申告はされていたか

17 税務における「みなし相続財産」

法律的には相続財産とされていないものでも、相続税の課税対象とさ

れるものがあります。これらは、法理的には相続財産とされていなくても、実質的には相続または遺贈により取得した財産と同様の経済的効果を持つものです。

みなし相続財産の具体例としては、以下のようなものがあります。

① 生命保険金（相続税法第3条1項1号）
② 退職手当金等（相続税法第3条1項2号）
③ 生命保険契約に関する権利（相続税法第3条1項3号）
④ 定期金に関する権利（相続税法第3条1項4号、5号、6号）
⑦ 特別縁故者に対する相続財産の分与（相続税法第4条）
⑧ 低額譲り受け（相続税法第第7条）
⑨ 債務免除等（相続税法第8条）
⑩ 利益の享受（相続税法第9条）
⑪ 信託に関する権利（相続税法第9条の2）
⑫ 持分の定めのない法人から受ける特別の利益の享受（相続税法第65条1項）
⑬ 相続または遺贈により財産を取得しなかった相続時精算課税適用者の受贈財産（相続税法第21条の16第1項）
⑭ 農地等の贈与者が死亡した場合の農地等（租税特別措置法第70条の5）

18　生命保険金が相続財産とみなされる金額

　生命保険金はみなし相続財産ですが、相続財産とみなされる金額は、保険料を被相続人が負担していたかいなかでみなされる金額が異なってきます。

次のようになります。

（1）被相続人が保険料の全額を負担していた場合

保険金の全額がみなし相続財産

（2）被相続人が保険料の一部を負担していた場合

取得した保険金額×被相続人が負担した保険料の金額／保険契約に基づく被相続人の死亡時までに払い込まれた保険料の総額
＝みなし相続財産額

生命保険金の課税関係

被相続人が死亡し、保険金受取人が死亡保険金を取得した場合、被保険者、保険料の負担者、保険金受取人が誰であったかにより、所得税、相続税、贈与税の課税対象が変わってきます。

次のように整理することができます。

被保険者	保険料負担者	保険金受取人	税金の種類
A	B	B	所得税
A	A	B	相続税
A	B	C	贈与税

相続財産とみなされる退職手当金等

被相続人の死亡により被相続人に支給されるべきであった退職手当金、功労金その他これらに準ずる給与（弔慰金、花輪代、葬祭料等のうち実質的に退職手当金の性質を有するものが含まれる）で、被相続人の死亡

後3年以内に支給が確定したものを相続人または相続人以外の者が取得した場合は、みなし相続財産となります（相続税法第3条1項2号）。

弔慰金は、みなし相続財産ではありませんが、次の金額を超える部分は、弔慰金ではなく退職手当金として取り扱われます（相続税基本通達3－20）。

① 被相続人の死亡が業務上の死亡である場合　普通給与の3年分
② 被相続人の死亡が業務上の死亡でない場合　普通給与の半年分

21 課税価格に含まれる贈与

相続または遺贈により財産を取得した者が、相続開始前3年以内に被相続人から贈与を受けていた財産は、その贈与財産の価額（贈与時の価額）を相続税の課税価格に加算することとされています（相続税法第19条）。ただし、特定贈与財産は除きます。ここで、特定贈与財産とは、贈与税の配偶者控除（相続税法第21条の6）の対象となった受贈財産のうち、その配偶者控除に相当する部分（最高2,000万円）のことです。

この結果、相続開始の年に被相続人から贈与により取得した財産で、相続税の課税価格に加算されるものについては、その年の贈与税の課税価格には算入しないこととなります（相続税法第21条の2第4項）。

また、すでに納付した贈与税額は、算出した相続税額から控除することとなります。

書面によらない贈与の場合に、いつの時点をもって3年以内とするかどうかが争われた事案において、東京地裁昭和55年5月20日判決（行裁31巻5号1154頁）は、「書面によらない贈与の場合に右加算すべき贈与に当たるか否かは履行終了の時が3年以内か否かによって決すべき

ものであり、特段の事情の主張立証のない場合においては、贈与に係る株式の名義書換日に贈与の履行が終了したと認めるのが相当」としました。

22 小規模宅地等の特例

　相続または遺贈によって取得した財産のうちに、相続開始の直前において被相続人または被相続人と生計を一にしていた被相続人の親族の事業の用または居住の用に供されていた宅地で、一定の要件を満たすものがあるときは、限度面積までの部分に限り、相続税の課税価格に算入すべき価額の計算上、一定割合を減額することとされています（租税特別措置法第69条の４、租税特別措置法施行令第40条の２、租税特別措置法施行規則第23条の２）。これを小規模宅地等についての相続税の課税価格の計算の特例といいます。

　税理士が勝訴した裁判例ではありますが、本特例が受けられなかったことを理由として損害賠償請求された事例があります。東京地裁平成27年３月９日判決（TAINS　Z999-0160）、東京高裁平成27年11月19日判決（控訴棄却）です。

　申告期限までに遺言や遺産分割によって分割されていない場合は、本特例は、適用されないのが原則です。この場合には、小規模宅地の特例を受けずに相続税を一旦納付し、その後申告期限から３年以内に遺産分割等により取得財産が確定したときは、確定した日の翌日から４ヶ月以内に更正の請求を行うことになります。ただし、この場合には、分割ができない事情および分割見込書を提出しておく必要があります（租税特別措置法施行規則第23条の８第６項）。

申告期限から3年以内に遺産分割をすることがやむを得ず困難な場合は、その旨を記載した承認申請書を申告期限から3年を経過する日の翌日から2ヶ月以内に税務署長宛に提出し、その承認を得ておく必要があります（租税特別措置法第69条の4第4項、5項））。

小規模宅地等の特例を受けるためには、相続税の申告書にその旨の記載と必要書類を添付することが要件とされています（租税特別措置法第69条の4第6項）。

23 相続税における非課税財産

相続税法では、相続または遺贈により取得した相続財産（みなし相続財産を含む）であっても、公益性、社会政策的見地、国民感情などの理由で相続税の課税対象から除いているものがあります。これを非課税財産といいます（相続税法第12条）。

以下のようなものがあります。
① 皇位とともに皇嗣が受けた物
② 墓所、霊廟および祭具並びにこれらに準ずるもの
③ 一定の公益事業を行う者が取得した公益事業用財産
④ 条例による心身障害者共済制度に基づく給付金の受給権
⑤ 相続人が取得した生命保険金等のうち一定の金額
⑥ 相続人が取得した退職手当金等のうち一定の金額
⑦ 国、地方公共団体、特定の公益法人または認定特定非営利活動法人に贈与または寄附した財産

生命保険金等については、相続人が取得した保険金のうち、次の算式による金額が非課税財産となります（相続税法第12条1項5号）。

500万円×法定相続人の数＝非課税限度額

　ここでの「法定相続人の数」は、民法の相続人の数とは一致しません。相続税法では、次のように定められています（相続税法第15条2項）。

（1）相続放棄があった場合には、その放棄がなかったものとして数えます。

（2）被相続人に養子がいる場合には、次の区分に応じて、法定相続人の数が制限されます。

① 被相続人に実子がいる場合　1人
② 被相続人に実子がいない場合　2人

　但し、次の場合には、養子であっても、実子として計算することになります（相続税法第15条3項、相続税法施行令第3条の2）。

① 特別養子縁組の場合
② 被相続人の配偶者の実子で被相続人の養子になった者
③ 被相続人の配偶者と特別養子縁組による養子になった者で、被相続人とその配偶者との婚姻後に被相続人の養子になった者
④ 相続人の養子で代襲相続人の地位を兼ねる者

　全ての相続人（放棄した者を除く）の取得した保険金の合計額が保険金の非課税限度額を超える場合には、次の計算式で計算することになります。

　保険金の非課税限度額×その相続人が取得した保険金の合計額／全ての相続人（放棄した者を除く）が取得した保険金の合計額＝その相続人の非課税金額

　退職手当金等についても生命保険金等と同じように、相続人が取得した退職手当金等のうち、次の算式による金額が非課税財産となります（相続税法第12条1項6号）。

　500万円×法定相続人の数＝非課税限度額

24 相続税の基礎控除と税率

　相続税には、課税最低限度額があり、遺産にかかる基礎控除額より課税価格が少ない場合は、相続税は課税されないこととされています。遺産にかかる基礎控除額は、次の計算式により計算します（相続税法第15条1項）。

　3,000万円＋（600万円×法定相続人の数）

　ここでの「法定相続人の数」は、前項で述べた非課税限度額を計算する際の「法定相続人の数」と同じです。

　相続税の課税価格算定のタイミングは、遺産分割時ではなく、相続開始時とされています（東京高裁平成18年9月14日判決、判例時報1964号40頁）。

　相続税の税率は、次のようになっています（相続税法第16条）。

【平成27年1月1日以後の場合】相続税の速算表

法定相続分に応ずる取得金額	税率	控除額
1,000万円以下	10%	—
3,000万円以下	15%	50万円
5,000万円以下	20%	200万円
1億円以下	30%	700万円
2億円以下	40%	1,700万円
3億円以下	45%	2,700万円
6億円以下	50%	4,200万円
6億円超	55%	7,200万円

25 財産評価の基準時

　民法における遺産分割は、相続開始時点から長期間が経過する場合もあることから、相続財産の評価の基準時は、次のようになっています。
① 　相続人の相続分の計算の基準時については、相続開始当時の価額（東京家裁昭和33年7月4日決定、家裁月報10巻8号36頁）
② 　遺産分割のための相続財産の評価の基準時については、分割の時（札幌高裁昭和39年11月21日決定、家裁月報17巻2号38頁）。

　ただし、遺留分算定の基礎となる財産に特別受益として加えられる贈与財産が金銭である場合、相続開始時の貨幣価値に換算した価額をもって評価するとされています（最高裁昭和51年3月18日判決、民集30巻2号111頁）。

　民法第910条に基づき価額の支払いを請求する場合における遺産の価額算定の基準時は、価額の支払いを請求した時とされています（最高裁平成28年2月26日判決（家庭の法と裁判7号31頁）。

　民法第910条「相続の開始後認知によって相続人となった者が遺産の分割を請求しようとする場合において、他の共同相続人が既にその分割その他の処分をしたときは、価額のみによる支払の請求権を有する」

　これに対し、相続税の評価の基準時については、相続税法第22条1項は、「特別の定めのあるものを除くほか、相続、遺贈又は贈与により取得した財産の価額は、当該財産の取得の時における時価により、当該財産の価額から控除すべき債務の金額は、その時の現況による。」と規定しています。

第 5 章

相続分

各共同相続人が有する相続財産全体に対する分数的割合を、「相続分」といいます。

　被相続人は、遺言によって、各共同相続人の相続分を指定することができます（民法第902条１項）。これを「指定相続分」といいます。

　相続分が指定されない場合には、民法に定めによって相続分が決まります。これを「法定相続分」といいます。

 ## 法定相続分

　法定相続分は、第３順位まで定められており、配偶者は常に相続人になります。第１順位は、直系卑属（子）であり、法定相続分は、配偶者が２分の１、子が２分の１です。複数の子がいる場合は、２分の１を均等に分けることになります。嫡出か非嫡出かは関係ありません。

　第２順位は、直系尊属（親）であり、法定相続分は、配偶者が３分の２、親が３分の１です。直系尊属が複数いる場合は、３分の１を均等に分けることになります。

　第３順位は、兄弟姉妹であり、法定相続分は、配偶者が４分の３、兄弟姉妹が４分の１です。兄弟姉妹が複数いる場合は、４分の１を均等に分けることになります。但し、半血兄弟姉妹は、全血兄弟姉妹の２分の１となります。

　第１順位から第３順位の血族相続人がいない場合は、配偶者が単独相続することになります。反対に、配偶者がいない場合は、血族相続人が全ての相続財産を相続することになります。

　以上を表にすると、以下のようになります。

他の相続人 自分	配偶者	直系卑属（子） （第1順位）	直系尊属（親） （第2順位）	兄弟姉妹 （第3順位）
配偶者		2分の1	3分の2	4分の3
直系卑属（子） （第1順位）	2分の1	全体を均等割	子が単独相続	子が単独相続
直系尊属（親） （第2順位）	3分の1	なし	全体を均等割	親が単独相続
兄弟姉妹 （第3順位）	4分の1	なし	なし	全体を均等割。ただし、半血兄弟姉妹は、全血兄弟姉妹の2分の1

2 指定相続分

　被相続人は、遺言によって、各共同相続人の相続分を指定することができます（民法第902条1項）。これを「指定相続分」といいます。相続分の指定は、第三者に委託してすることもできます。

　相続分の指定は、被相続人が指定したときは、遺言が効力を生じたときに、相続分の指定を第三者に委託したときは、第三者が相続分を指定したときに、相続開始時に遡って効力を生じます。

　相続分の指定は、遺留分を侵害することはできません（民法第902条1項但書）。ただし、遺留分を侵害する相続分の指定が当然に無効になるのではなく、遺留分を侵害された者からの遺留分減殺請求があったときに、その限度で効力を失うことになります。

　相続分の指定があったときは、各共同相続人は、指定相続分に従って相続財産を承継することになります。

　可分債務についても、各共同相続人は、内部的には指定相続分に従っ

て債務を承継します。しかし、債権者との関係では、可分債務は、法律上当然分割され、各共同相続人がその相続分に応じて債務を承継します（最高裁昭和34年6月19日判決、民法百選Ⅲ62）。

遺言による相続分の指定は、債権者に対抗できません。したがって、債権者は、各相続人に対し、法定相続分に従った相続債務の履行を請求することができます。ただし、相続債権者の方から相続債務についての相続分の指定の効力を承認し、各相続人に対し、指定相続分に応じた相続債務の履行を請求することは可能です（最高裁平成21年3月21日判決、民法百選Ⅲ87）。

改正相続法では、相続分の指定がなされた場合であっても、相続債権者は、各共同相続人に対して、その法定相続分の割合でその権利を行使することができますが、相続債権者が共同相続人の一人に対して指定相続分の割合による義務の承継を承認したときは、各共同相続人に対して、その法定相続分の割合でその権利を行使することはできず、その指定相続分の割合でその権利を行使することができることとされました。詳しくは、第9章で解説します。

3 特別受益

（1）特別受益とは

被相続人から共同相続人に対して、①遺贈され、または②婚姻や養子縁組のために贈与され、もしくは③生計の資本として贈与された財産を「特別受益」といいます（民法第903条1項）。

「婚姻若しくは養子縁組のため」とは、婚姻のための持参金、支度金、

結納金、挙式費用や養子縁組のための支度の費用等が含まれることになります。ただし、その価額が少額で、被相続人の資産および生活状況に照らして扶養の一部と認められる場合は特別受益とならないと解されています。

「生計の資本としての贈与」とは、生計への資金援助や住むための建物の贈与などが挙げられますが、広く生計の援助となる財産上の給付で、扶養義務の範囲を超えるものが含まれます。相続人の債務を被相続人が肩代わりして支払い、その求償をしなかったことが、「生計の資本としての贈与」に該当することもあります（高松家庭裁判所丸亀支部平成3年11月19日決定・家裁月報44巻8号40頁）。

父の相続にあたって子が母から法定相続分を譲り受けた件について、相続分が財産的価値を有すること、無償で相続分の譲渡がなされたことなどから、「生計の資本としての贈与」として、特別受益に該当するとした裁判例があります（東京高裁平成29年7月6日判決、判例時報2370号31頁）。

特別受益があったときは、相続分の前渡しと評価され、相続の際に、特別受益財産を相続財産に計算上持戻して具体的相続分を計算することになります。これを「特別受益の持戻し」といいます。但し、被相続人は、共同相続人の遺留分を侵害しない限度で、特別受益の持戻しを免除することができます（民法第903条3項）。

死亡保険金請求権が特別受益の持戻しとなるかどうかについては、第4章③をご参照ください。

持戻しの対象となるのは、共同相続人に対する贈与や遺贈に限定されます。相続人が相続放棄をすると、初めから相続人にならなかったものとみなされるため、相続放棄をした相続人に対する贈与や遺贈は持戻しの対象にはなりません。

特別受益とされた財産について、贈与時の価額と相続開始時の価額に差があるときは、特別受益とされた財産の価額は、相続開始時の時価に換算することになります（最高裁昭和51年3月18日判決、判例時報811号50頁）。

（2）特別受益とされない場合の具体例

被相続人から共同相続人に対する贈与や遺贈は、比較的広く特別受益と認定される傾向にあります。以下には、過去の裁判例において、贈与の全部または一部が特別受益と認められなかった事例を紹介します。

① 長﨑家裁島原支部昭和40年11月20日決定（家裁月報18巻5号75頁）

被相続人が株式や債権を妻に贈与したことについて、被相続人が妻の実家から金融を受けていたこと、被相続人が胃癌のため死期のいよいよ迫るのを覚悟し、永年共に農業に従事し農地など相続財産の維持に協力した労に報いるためであるとして、生計の資本としての贈与と認めませんでした。

② 神戸家裁姫路支部昭和49年8月10日決定（家裁月報27巻6号80頁）

被相続人が妻に対して生前に1,000万円を贈与したことについて、妻は被相続人の死亡の20年以上前からタイプ学院を経営し、その純益の相当部分を夫婦の生活費に入れ、被相続人の財産の減少を防止するにつき若干の寄与があったこと、被相続人の身の回りの世話について妻に相当の負担がかかっていたこと、から、1,000万円のうち5割は家計に対する特別寄与分の清算と老齢の夫に対する長年の看護の労に報いる趣旨の贈与と認め、残額の500万円についてのみ生計の資本のための贈与と認めました。

③　盛岡家庭裁判所一関支部平成4年10月6日決定（家裁月報46巻1号123頁）

　被相続人が養子である相続人に不動産を生前贈与したことについて、相続人がほとんど一人で家業である農業に従事する一方、工員として稼働して得た収入で被相続人および家族の生活を支えていたこと、被相続人の療養看護に勤めたこと、から、被相続人の貢献がなければ財産の維持はできなかったことから、被相続人の贈与は、それらの貢献への感謝と貢献に報いる気持ちで行ったものであり、特別受益にあたらない、としました。

（3）特別受益とされた場合の計算式

　共同相続人に対する贈与や遺贈が特別受益とされた場合、各共同相続人の具体的相続分は、次のように計算されることになります（民法第903条1項）。

> ① 被相続人が相続開始の時において有した財産の価額に、特別受益たる贈与の価額を加算する（みなし相続財産）。なお、この場合、債務は控除しない。
> （計算式）
> 相続開始の時において有した財産の価額＋贈与価額＝みなし相続財産
> ② ①のみなし相続財産に、当該共同相続人の相続分を乗じる。
> （計算式）
> みなし相続財産×各共同相続人の相続分
> ③ ②の金額から、当該共同相続人の受けた贈与・遺贈の価額を控除する。
> （計算式）
> ②の相続分－当該共同相続人の受けた贈与・遺贈＝具体的相続分

具体例で説明します。

被相続人の相続財産　3,000万円

　相続人　子A・B・C

被相続人からAに対し、生前に2,000万円の特別受益たる贈与があり、被相続人からBに対し、生前に1,000万円の生計への援助としての贈与があったとします。

　（計算式）

　①3,000万円＋2,000万円＋1,000万円＝6,000万円（みなし相続財産）

　②6,000万円×1／3＝2,000万円（各自の相続分）

　③A　2,000万円－2,000万円＝0円

　　B　2,000万円－1,000万円＝1,000万円

　　C　2,000万円－0円＝2,000万円

以上より、具体的相続分は、Aは０円、Bは1,000万円、Cは2,000万円となります。

4 特別受益と相続税

　相続時精算課税制度の適用を受けた贈与財産については、相続時精算課税適用者が、本制度を適用した贈与者の相続に際し、相続または遺贈により財産を取得した時は、相続時精算課税の適用を受けた特別財産については相続税の課税価格に加算します（相続税法第21条の15第１項）。また、当該相続に際し、財産を取得しなかった場合は、相続時精算課税の適用を受けた特別受益財産については、相続または遺贈により取得したものとみなされます（相続税法第16条１項）。

　しかし、相続時精算課税制度の適用を受けていない場合は、相続開始前３年以内に被相続人から贈与を受けていた財産は、その贈与財産の価額（贈与時の価額）を相続税の課税価格に加算することとされています（相続税法第19条）。ただし、特定贈与財産は除きます。ここで、特税贈与財産とは、贈与税の配偶者控除（相続税法第21条の６）の対象となった受贈財産のうち、その配偶者控除に相当する部分（最高2000万円）のことです。

　相続開始の年に被相続人から贈与により取得した財産で、相続税の課税価格に加算されるものについては、その年の贈与税の課税価格には算入しないこととなります（相続税法第21条の２第４項）。

5 寄与分

　共同相続人の中に、①被相続人の事業に関する労務の提供、②財産上の給付、③被相続人の療養看護、その他の方法により、被相続人の財産の維持または増加について特別の寄与をした者があるときは、その寄与を評価してその者の相続分に加算する制度があり、その加算される価額や持分割合を「寄与分」といいます。

　寄与分が認められるのは、共同相続人のみですが、共同相続人の配偶者や子らが被相続人の財産の維持または増加について特別の寄与をした場合には、共同相続人の補助者とみなして、当該共同相続人の寄与分として考慮される場合もあります（東京家裁平成12年3月8日決定、家月52巻8号35頁）。

　寄与分とされるためには、「特別の寄与」である必要があります。夫婦には、協力扶助義務があり（民法第752条）、直系血族や兄弟姉妹間には、扶養義務がある（民法第877条1項）ので、扶助や扶養するのは、法律上の義務であって、特別の寄与ではありません。寄与分とされるためには、法律上の義務を超えた特別の寄与である必要があります。したがって、①寄与分を主張する者が、寄与に対する相応の対価などを受けていないこと、②被相続人との身分関係において通常期待される程度を越える程度の寄与であること、などの要件を満たす必要があります。

　寄与分をどの程度のものとするかについては、共同相続人間の協議で決定しますが、協議が調わないとき、または協議をすることができないときは、寄与をした者の申立に基づいて、寄与の時期、寄与の方法および程度、相続財産の額その他一切の事情を考慮して、家庭裁判所の調停または審判によって決定されます（民法第904条の2第2項）。

寄与分の額は、相続財産の価額から遺贈の価額を控除した額を超えることができないとされてます（民法第904条の2第3項）。したがって、遺言により遺産全部が遺贈されている場合には、寄与分を定めることはできないこととなります。

　寄与分を定めるにあたっては、遺留分を侵害することも可能ですが、他の相続人の遺留分を侵害するかどうかについても考慮した上で決定されることになります（東京高裁平成3年12月24日決定・家族百選第7版60）。

　寄与分がある場合には、遺産分割するに際し、次のように具体的相続分を計算します（民法第904条の2第1項）。

---

① 相続開始の時において被相続人が有した財産の価額から、寄与分額を控除する（みなし相続財産）。この場合、債務は控除しない。
（計算式）
相続開始の時において被相続人が有した財産の価額－寄与分額＝みなし相続財産

② ①のみなし相続財産に、各共同相続人の相続分を乗じる。
（計算式）
みなし相続財産×各共同相続人の相続分

③ ②の額に、当該寄与をした者の寄与分額を加算する。
（計算式）
②の額＋寄与分額＝具体的相続分

　具体的な事例で説明します。

　被相続人の相続財産　3,000万円

　相続人　子A・B・C

Aに1,500万円相当の寄与分が定められた。

(計算式)

①3,000万円－1,500万円＝1,500万円（みなし相続財産）

②1,500万円×1／3＝500万円（各共同相続人の相続分）

③A　500万円

　B　500万円

　C　500万円＋1,500万円＝2,000万円

したがって、具体的相続分は、AとBは500万円、Cは2,000万円となります。

なお、改正相続法では、被相続人に対して無償で療養看護その他の労務の提供をしたことにより被相続人の財産の維持または増加について特別の寄与をした被相続人の親族は、相続の開始後、相続人に対し、特別寄与者の寄与に応じた額の金銭（「特別寄与料」という）の支払を請求することができることとされました。詳しくは、第9章で解説します。

第 6 章

遺産分割

相続は被相続人の死亡によって開始し、相続人が複数あるときは、遺言書がなければ相続財産は共有となります。その場合、遺産分割によって最終的な所有の帰属が確定することになります。遺産分割請求権には消滅時効がないので、いつまででも遺産分割を求めることができます。ただし、被相続人は、遺言で、相続開始の時から5年を超えない期間を定めて、遺産分割を禁止することができます（民法第908条）。また、共同相続人の合意によっても、5年以内の期間を定めて分割を禁止することができます（民法第256条）。さらに、家庭裁判所は、特別の事情のあるときに限り、5年を超えない範囲で期間を定めて分割禁止することができます（民法第907条3項、家事審判法第191条）。

遺産分割は、遺言により遺産分割方法が指定されていればそれに従い、遺言がない場合には、①協議分割、②調停分割、③審判分割のいずれかの方法で行います。遺言があったとしても、共同相続人全員が遺言と異なる方法で分割を望む場合には、全員の合意により分割することもできます。

また、具体的に相続財産をどのように分割するかについては、次の4種類の分割方法があります。

（1）現物分割

現物分割は、相続財産の現物を分割する方法です。たとえば、1筆の土地があり、相続人が2人いるときに、その土地を2筆に分筆して分割するような方法です。

（2）換価分割

換価分割は、相続財産を金銭に換価して分割する方法です。たとえば、1筆の土地があり、相続人が2人いるときに、その土地を第三者に売却して、その売却代金を2人で分割するような方法です。

遺産が未分割のまま換価された場合には、換価代金は遺産から離脱しますので、相続人は、各自の相続分に応じて資産を売却したものとして、譲渡所得の計算を行うことになります。

（3）代償分割

　代償分割は、相続財産を特定の相続人が取得する代わりに他の相続人に金銭を支払う方法です。たとえば、1筆の土地があり、相続人が2人いるときに、その土地を1人の相続人が取得し、その代わりに他方の相続人に金銭を支払うような方法です。

　代償分割がされた場合の課税価格の計算では、代償財産を交付した者と交付された者の区分に応じ、次のとおり計算されることになります（相続税法基本通達11－2－9）。

（ア）代償財産の交付を受けた者は、相続又は遺贈により取得した現物の財産の価額と交付を受けた代償財産の価額との合計額
（イ）代償財産の交付をした者は、相続又は遺贈により取得した現物の財産の価額から交付をした代償財産の価額を控除した金額

（4）共有分割

　共有分割とは、遺産の一部または全部を物権法上の共有取得とする方法です。共有分割にした場合は、共有関係を解消するために、持分の贈与、売買または共有物分割訴訟などを行うこととなります。

1 協議分割

　協議分割は、共同相続人全員の合意により遺産分割をする方法です。

共同相続人全員で合意した場合には、その内容を遺産分割協議書に記載し、共同相続人全員が署名押印するのが通常です。

協議分割では、特定の共同相続人の具体的相続分をゼロにすることも可能です。相続放棄ができない場合で相続を望まない共同相続人がいる場合には、当該共同相続人の具体的相続分をゼロにして遺産分割協議をします。この場合、遺産分割協議書を作成せずに、自らの具体的相続分がゼロであることを証する書面として、「相続分皆無証明書」や「相続分不存在証明書」あるいは、自らは特別受益を得ているので具体的相続分はゼロであるという趣旨の「特別受益証明書」などを作成することもあります。

協議分割は、共同相続人全員の合意に基づいて行いますので、錯誤や詐欺などの意思表示の無効や取消事由が適用され、遺産分割協議が無効または取り消されることがあります。

ただし、過去の判例では、相続財産の評価額を誤信して遺産分割した場合に錯誤による無効を主張できない、とした東京高裁昭和59年9月19日判決（判例時報1131号85頁）があります。

遺産分割協議が成立した後に、共同相続人の1人が遺産分割協議において負担した債務について不履行があったとき、他の共同相続人は、債務不履行を理由として遺産分割協議を解除できるか、という問題があります。この問題について、最高裁平成元年2月9日判決（民法百選Ⅲ69）は、解除することはできない、としています。その理由としては、「遺産分割はその性質上協議の成立とともに終了し、その後は右協議において右債務を負担した相続人とその債権を取得した相続人間の債権債務関係が残るだけと解すべきであり、しかも、そのように解さなければ民法909条により遡及効を有する遺産の再分割を余儀なくされ、法的安定性が著しく害されることになるからである」と判示しました。

次に、遺産分割協議が詐害行為取消権の対象になるか、という問題があります。詐害行為取消権とは、債務者が、債権の全額を払えなくなることを知りつつ、贈与などの財産減少行為をした場合に、その行為の効力を否認して、責任財産の維持を図ることを目的とする制度です。民法第424条1項は、詐害行為取消権について、「債権者は、債務者が債権者を害することを知ってした法律行為の取消しを裁判所に請求することができる。ただし、その行為によって利益を受けた者又は転得者がその行為又は転得の時において債権者を害すべき事実を知らなかったときは、この限りでない」と規定しています。

　判例は、相続放棄については、「身分行為」であるとして、詐害行為取消権の対象とはならないとしています（最高裁昭和49年9月20日判決、民集28巻6号1202頁）。しかし、遺産分割協議について、最高裁平成11年6月11日判決（民法百選Ⅲ68）は、詐害行為取消権の対象となるとしています。その理由については、「遺産分割協議は、相続の開始によって共同相続人の共有となった相続財産について、その全部又は一部を、各相続人の単独所有とし、又は新たな共有関係に移行させることによって、相続財産の帰属を確定させるものであり、その性質上、財産権を目的とする法律行為であるということができるからである」と判示しています。

　したがって、ある1人の共同相続人に多額の債務がある場合に、債権者からの差押を回避するため、その共同相続人の取得分をゼロにするような遺産分割協議をするよう助言すると、当該遺産分割協議が詐害行為として取り消される可能性があるので、注意が必要です。

　遺産分割により不動産の持分を取得した時に、その持分の登記をしないうちに、当該持分を差押、または譲り受けた第三者が現れた場合、当該持分を遺産分割により取得した共同相続人は、登記なくして所有権を

第三者に取得できるか、という問題があります。

　この問題については、最高裁は、民法909条但書「遺産の分割は、相続開始の時にさかのぼってその効力を生ずる。ただし、第三者の権利を害することはできない。」の問題ではなく、民法177条の適用があるとしています。その結果、遺産分割により「相続分と異なる権利を取得した相続人は、その旨の登記を経なければ、分割後に当該不動産につき権利を取得した第三者に対し、自己の権利の取得を対抗することはできない」（最高裁昭和46年1月26日判決、民法百選Ⅲ71）ことになります。

　遺言がある場合に、その遺言の内容と異なる遺産分割ができるか、という問題がありますが、一般的に有効と解されています。

　いったん有効に遺産分割が成立した場合には、相続開始のときにさかのぼってその効力を生じます（民法第909条）。しかし、この場合において、相続人全員が合意して、再度遺産分割をやり直す場合があります。この点に関し、最高裁平成2年9月27日判決（判例時報1380号89頁）は、「共同相続人の全員が、既に成立している遺産分割協議の全部または一部を合意により解除した上、改めて遺産分割協議をすることは、法律上、当然に妨げられるものではなく」「共同相続人全員による遺産分割協議の合意解除と再分割協議を指すものと解される」と判示しています。

　しかし、税務上は注意しなければなりません。

　相続税法基本通達19の2－8は、次のように「分割」の意義について、次のように定めています。

> 　法第19条の２第２項に規定する「分割」とは、相続開始後において相続又は包括遺贈により取得した財産を現実に共同相続人又は包括受遺者に分属させることをいい、その分割の方法が現物分割、代償分割若しくは換価分割であるか、またその分割の手続が協議、調停若しくは審判による分割であるかを問わないのであるから留意する。
>
> 　ただし、当初の分割により共同相続人又は包括受遺者に分属した財産を分割のやり直しとして再配分した場合には、その再配分により取得した財産は、同項に規定する分割により取得したものとはならないのであるから留意する。

　この通達により、税務行政においては、いったん遺産分割が成立した後の再分割は、遺産分割とはみなされず、新たな資産の譲渡と認定することに注意が必要です。

2 調停分割

　共同相続人の協議が調わないとき、または協議をすることができないときは、共同相続人は、家庭裁判所に対して遺産の分割を請求することができます（民法第907条２項）。遺産分割については、調停前置主義（審判をするには調停を経なければならない制度）ではありませんが、審判を申し立てたとしても、調停手続になじまないことが明らかな場合を除き、職権により調停に付するのが通常です（家事審判法第274条１項）。したがって、実務では、遺産分割審判の前に、調停を申し立てることが多いです。

遺産分割調停は、相手方の住所地または合意で定める家庭裁判所に対して申し立てます。

　遺産分割調停の申立があると、次の順序で手続が進行します。

（1）相続人の確定

　相続人の確定で養子縁組や婚姻の無効など争いがある場合には、その点について人事訴訟で解決することが先決となります。

（2）遺産の範囲の確定

　遺産の範囲に争いがある場合には、遺産確認の訴えなど、民事訴訟で確定させることが先決となります。

（3）遺産の評価

（4）具体的相続分の合意

（5）分割方法の合意

（6）調停成立

　遺産分割調停は、当事者全員に合意が成立し、調停機関がその合意が相当であると認めて調停調書を作成すると、調停は成立します（家事審判法第268条）。

　当事者間に合意が成立する見込がない場合または成立した合意が相当でないと認められる場合は、調停機関は調停を成立しないものとして事件を終了させることができます（家事審判法第272条1項）。実務家の間では、「不調」（ふちょう）と呼んでいます。

この場合、調停申し立ての時に、家事審判の申立があったものとみなされて（家事審判法第272条4項）、審判手続に移行することになります。

3 審判分割

共同相続人の協議が調わないとき、または協議をすることができないときは、共同相続人は、家庭裁判所に対して遺産の分割を請求することができます（民法第907条2項）。遺産の分割請求権は、消滅時効にかかることはありません。

家庭裁判所は、遺産に属する物または権利の種類及び性質、各相続人の年齢、職業、心身の状態及び生活の状況その他一切の事情を考慮して審判を行うことになります（民法第906条）。

遺産分割審判の際に、当事者間で取得希望が競合した場合は、次の要素を検討して帰属を判断しているようです（「家庭裁判所における遺産分割・遺留分の実務」第3版、片岡武・管野眞一編著、日本加除出版株式会社）。

> ① 相続人の年齢、職業、経済状況、被相続人との間の続柄等
> ② 相続開始前からの遺産の占有・利用状況（誰がどのように遺産を利用していたか）
> ③ 相続人の財産管理能力（誰がどのように遺産を管理していたか、管理が適切であったか）
> ④ 遺産取得の必要性（なぜ遺産を取得したいのか）
> ⑤ 遺産そのものの再有効利用の可能性（遺産をどのように利用・再利用するのか）
> ⑥ 遺言では現れていない被相続人の意向
> ⑦ 取得希望者の譲歩の有無（遺産を取得する見返りとして他の部分で譲歩できるか）
> ⑧ 取得希望の程度（入札により高い値を付けた方が取得するという意向があるか）
> ⑨ 取得希望の一貫性（調停の経過から取得希望の一貫性があるか）

　裁判所が審判で分割を命じる際に、どのような分割方法を採用するかについて、最高裁昭和30年5月31日判決（民集9巻6号793頁）は、「遺産の分割は現物分割を原則とし、分割によって著しくその価値を損する虞があるときは、その競売を命じて価格分割を行うことになる」と判示しています。

　代償分割については、特別の事由があると認められるときに、共同相続人の1人または数人に他の共同相続人に対し債務を負担させて現物分割に代えることができるとされています（家事審判法第195条）。

　この「特別の事由」について、大阪高裁昭和54年3月8日決定（家裁月報31巻10号71頁）は、「特別の事由とは、相続財産が農業資産その他の不動産であって細分化を不適当とするものであり、共同相続人間

に代償金支払の方法によることにつき争いがなく、かつ、当該相続財産の評価額が概ね共同相続人間で一致していること、及び相続財産を承継する相続人に債務の支払能力がある場合に限ると解すべきである」と判示しています。

遺産分割審判後に遺産に属する物や権利が出現した場合には、分割が無効になるわけではなく、その分について改めて遺産分割を行うことになります。

各分割方法の選択の順序について判示したものに、大阪高裁平成14年6月5日決定（家月54巻11号60頁）があります。この決定では、「遺産分割は、共有物分割と同様、相続によって生じた財産の共有・準共有状態を解消し、相続人の共有持分や準共有持分を、単独での財産権行使が可能な権利（所有権や金銭等）に還元することを目的とする手続であるから、遺産分割の方法の選択に関する基本原則は、当事者の意向を踏まえた上での現物分割であり、それが困難な場合には、現物分割に代わる手段として、当事者が代償金の負担を了解している限りにおいて代償分割が相当であり、代償分割すら困難な場合には換価分割がされるべきである」「共有とする分割方法は、やむを得ない次善の策として許される場合もないわけではないが、この方法は、そもそも遺産分割の目的と相反し、ただ紛争を先送りするだけで、何ら遺産に関する紛争の解決とならないことが予想されるから、現物分割や代償分割はもとより、換価分割さえも困難な状況があるときに選択されるべき分割方法である」としています。

審判分割で遺産として分割した相続財産が後日の訴訟で遺産でないことに確定した場合にも、審判は当然には無効となるものではありません。

遺産分割審判を申し立てる場合は、相続開始地の家庭裁判所に申し立てることになります。管轄地ではない家庭裁判所での遺産分割調停が不

調になり、審判に移行する場合には、そのままの管轄で処理するか、改めて相続開始地へ移送するか家庭裁判所が判断することになります。

4 共同相続人の一部が行方不明の場合の処理

共同相続人の一部が行方不明の場合には、利害関係人の請求によって、家庭裁判所が不在者財産管理人を選任します（民法第25条）。そして、不在者財産管理人を参加させて遺産分割を行うことになります。不在者財産管理人が遺産分割協議をするには、家庭裁判所の許可を得ることになります（民法第28条）。

不在者財産管理人が遺産分割をした後に、相続人である行方不明者が相続開始前に死亡していたことが判明した場合に、遺産分割協議や審判が無効になるかどうかについては、有効説と無効説があります。これに対し、不在者財産管理人が遺産分割をした後に、相続人である行方不明者が相続開始後に死亡していたことが判明した場合には、遺産分割協議や審判は有効とされています。

5 遺産分割の効力

遺産分割は、相続開始の時にさかのぼってその効力を生じます（民法第909条）。これを遺産分割の遡及効といいます。

ただし、遺産分割によって第三者の権利を害することはできません（民法第909条但書）。ここでいう「第三者」は、相続が開始された後、遺産分割前に生じた第三者であり、相続人から遺産の持分を譲渡または

担保に供された者、持分に対して差押をした債権者等になります。

　問題となるのは、遺産分割により不動産の所有権を取得した共同相続人は、遺産分割後に生じた第三者に対して、登記なくして所有権の取得を対抗できるか、という点です。

　この点については、最高裁昭和46年1月26日判決（百選Ⅲ71）は、登記必要説を採用し、「遺産の分割は、相続開始の時にさかのぼってその効力を生ずるものではあるが、第三者に対する関係においては、相続人が相続によりいったん取得した権利につき分割時に新たな変更を生ずるのと実質上異ならないものであるから、不動産に対する相続人の共有持分の遺産分割による得喪変更については、民法177条の適用があり、分割により相続分と異なる権利を取得した相続人は、その旨の登記を経なければ、分割後に当該不動産につき権利を取得した第三者に対し、自己の権利の取得を対抗することができないものと解するのが相当である」としています。

　共同相続人が遺産分割によって得た物または権利に瑕疵があった場合には、他の共同相続人は、売主と同じく、その相続分に応じて担保責任を負担します（民法第911条）。

　また、共同相続人が遺産分割によって得た債権について、債務者が無資力であるために債権の全部または一部の弁済が受けられない時は、他の共同相続人が分割時における債務者の資力について担保責任を負担します（民法第912条1項）。

　そして、担保責任を負う共同相続人中に償還をする資力のない者があるときは、その償還することができない部分は、求償者および他の資力のある者が、それぞれその相続分に応じて分担することとされています（民法第913条）。ただし、求償者に過失があるときは、分担請求をすることができません（民法第913条但書）。

これらの共同相続人の担保責任は、被相続人が遺言で異なる意思表示をしたときは、適用されないこととされています（民法第914条）。

6　未分割申告

　遺言がなく、かつ、相続税の申告期限までに遺産分割が行われていない場合には、各相続人は、法定相続分に応じて遺産を取得したものとして、課税価格を計算し、相続税の申告を行うことになります（相続税法第55条）。

　後日、遺産分割が行われたときは、修正申告を行うか、あるいは、取得する財産が決まった日の翌日から4ヶ月以内に更正の請求を行うことになります（相続税法第32条1項1号）。

7　遺産分割前の共有不動産での居住

　共同相続人の1人が相続開始前から被相続人の許諾を得て相続財産である建物において被相続人と同居してきたような場合に、被相続人が死亡し、相続が開始されて建物が共有となった後、居住を続けることができるか、という問題があります。

　この事例において、最高裁平成8年12月17日判決（民法百選Ⅲ70）は、「特段の事情のない限り、被相続人と右同居の相続人との間において、被相続人が死亡し相続が開始した後も、遺産分割により右建物の所有関係が最終的に確定するまでの間は、引き続き右同居の相続人にこれを無償で使用させる旨の合意があったものと推認されるのであって、被

相続人が死亡した場合は、この時から少なくとも遺産分割終了までの間は、被相続人の地位を承継した他の相続人等が貸主となり、右同居の相続人を借主とする右建物の使用貸借関係が存続することになるものというべきである」と判示しています。

なお、この同居の者が配偶者である場合については、改正相続法によって「配偶者居住権」及び「配偶者短期居住権」が新設されています。詳しくは、第9章で解説します。

8 遺産分割に関する相続税申告の錯誤

相続税申告書の記載内容に錯誤があった場合に錯誤の主張ができるか、という問題があります。この点について、所得税確定申告書の記載内容についての錯誤が問題となった事例において、最高裁昭和39年10月22日判決は、「所得税確定申告書の記載内容についての錯誤の主張は、その錯誤が客観的に明白かつ重大であって、所得税法の定めた過誤是正以外の方法による是正を許さないとすれば納税義務者の利益を著しく害すると認められる特段の事情がある場合でなければ許されない」としています。

東京地裁平成21年2月27日判決（TAINS　Z259-11151）は、被相続人の妻が取得する本件同族会社の株式の価額につき、配当還元方式による評価を前提として第一次遺産分割をし、相続税の申告をした後に、配当還元方式の適用を受けられず、類似業種比準方式による高額の租税負担となることが確認されたため、配当還元方式の適用を受けられるように各相続人が取得する株式数を調整した上で新たな遺産分割の合意に基づき、更正の請求期間内に原告らが更正の請求又は修正申告をした事

案です。この事案で、裁判所は、分割内容自体の錯誤と異なり、課税負担の錯誤に関しては、それが要素の錯誤に該当する場合であっても、申告納税制度の趣旨・構造及び税法上の信義則に照らすと、申告者は、法定申告期限後は、課税庁に対し、原則として、課税負担またはその前提事項の錯誤を理由として当該遺産分割が無効であることを主張することはできず、例外的にその主張が許されるのは、分割内容自体の錯誤との権衡等にも照らし、①申告者が、更正請求期間内に、かつ、課税庁の調査時の指摘、修正申告の勧奨、更正処分等を受ける前に、自ら誤信に気付いて、更正の請求をし、②更正請求期間内に、新たな遺産分割の合意による分割内容の変更をして、当初の遺産分割の経済的成果を完全に消失させており、かつ、③その分割内容の変更がやむを得ない事情により誤信の内容を是正する一回的なものであると認められる場合のように、更正請求期間内にされた更正の請求においてその主張を認めても弊害が生ずるおそれがなく、申告納税制度の趣旨・構造及び租税法上の信義則に反するとはいえないと認めるべき特段の事情がある場合に限られるものと解するのが相当である、として、錯誤無効を認めました。

9 相続分の譲渡

　相続分の譲渡とは、相続開始から遺産分割までの間に、積極財産と消極財産を包括した遺産全体に対する持分割合の包括譲渡を行うことです。ただし、債権者との関係では、相続分を譲渡した相続人も債務を免れることはできないとされています。

　相続分を譲渡すると、当該相続人の相続分はなくなりますので、遺産分割手続から脱退することになります。

相続分の譲受人は、遺産に対する持分割合を包括的に承継することになります。相続人が譲受人の場合には、相続分が増加し、第三者が譲受人の場合には、遺産分割手続に参加することになります。

　共同相続人の1人が遺産分割前に相続分を第三者に譲渡したときは、他の共同相続人は、その価額および費用を償還して、その相続分を譲り受けることができます。ただし、この権利は、1ヶ月以内に行使しなければなりません（民法第905条）。

　他の共同相続人に相続分が譲渡された場合において、未分割申告をするときは、譲渡後の相続分に応じて申告をすることになります（最高裁平成5年5月28日判決、民集169巻99頁）。

　相続人間で相続分が譲渡された場合には、有償であろうと、無償であろうと、譲渡所得税や贈与税は課税されません。相続人間で相続分が有償で譲渡された場合には、代償分割と同様であり、無償で譲渡された場合には、譲渡人に取得分がない遺産分割がされたのと同様であるからです。相続税の課税はされることになります。

　第三者に相続分が譲渡された場合は、譲渡人が相続税の申告義務があり、相続分の譲渡は、対価の有無に応じて贈与税や所得税の課税対象となります。

10 遺産分割への関与と弁護士法第72条

　税理士が遺産分割に関与することは多いと思いますが、遺産分割に関与するときには、弁護士法第72条に違反しないように注意することが必要です。

弁護士法第72条

> 弁護士又は弁護士法人でない者は、報酬を得る目的で訴訟事件、非訟事件及び審査請求、再調査の請求、再審査請求等行政庁に対する不服申立事件その他一般の法律事件に関して鑑定、代理、仲裁若しくは和解その他の法律事務を取り扱い、又はこれらの周旋をすることを業とすることができない。ただし、この法律又は他の法律に別段の定めがある場合は、この限りでない。

　弁護士法77条では、72条の規定に違反したものは2年以下の懲役又は300万円以下の罰金に処するとの罰則を定めています。

　税理士が、遺産分割に関与するにあたり、報酬を得る目的で法律事務を取り扱った、とされると、刑罰の対象となる、ということです。

　どのような場合に、弁護士法第72条違反に該当するかについては、最高裁平成22年7月20日判決があります。この事例は、賃貸借契約の対象となっている建物の明渡し交渉を行った者につき弁護士法72条違反が問われたものです。この事案について、最高裁は、「被告人らは、多数の賃借人が存在する本件ビルを解体するため全賃借人の立ち退きの実現を図るという業務を、報酬と立ち退き料等の経費を割合を明示することなく一括して受領し受託したものであるところ、このような業務は、賃貸借契約期間中で、現にそれぞれの業務を行っており、立ち退く意向を有していなかった賃借人らに対し、専ら賃貸人側の都合で、同契約の合意解除と明渡しの実現を図るべく交渉するというものであって、立ち退き合意の成否、立ち退きの時期、立ち退き料の額をめぐって交渉において解決しなければならない法的紛議が生ずることがほぼ不可避である案件に係るものであったことは明らかであり、弁護士法72条にいう「その他一般の法律事件」に関するものであったというべきである。そして、

被告人らは、報酬を得る目的で、業として、上記のような事件に関し、賃借人らとの間に生ずる法的紛議を解決するための法律事務の委託を受けて、前記のように賃借人らに不安や不快感を与えるような振る舞いもしながら、これを取り扱ったのであり、被告人らの行為につき弁護士法72条違反の罪の成立を認めた原判断は相当である。」としています。

　行政書士に関する事案ですが、東京地裁平成27年7月30日判決は、「被告は、亡Aの相続手続に関し、将来法的紛議が発生することが予測される状況において書類を作成し、相談に応じて助言指導し、交渉を行ったものといわざるを得ず、かかる被告の業務は、行政書士の業務（行政書士法1条の2第1項）に当たらず、また、弁護士法72条により禁止される一般の法律事件に関する法律事務に当たることが明らかであるから、行政書士が取り扱うことが制限されるものというべきである（同旨、最高裁第1小法廷判決平成22年7月20日、判例時報2093号161頁参照）。」と判示し、弁護士法第72条違反を認定しています。

　したがって、法的紛議が生ずる可能性がある遺産分割協議について、税理士が交渉などをすると、弁護士法第72条違反となる可能性がありますので、留意したいところです。

第 7 章

遺留分

1 遺留分とは

　民法には遺留分制度があります。遺留分制度とは、本来、被相続人は自分の財産を自由に処分できるはずのものであるところ、相続財産の一定割合について、一定の法定相続人に保障するための制度です。そのために、被相続人は、財産の処分について、一定の制限がされています。

　この遺留分制度は、遺族の生活保障と被相続人の遺産形成に貢献した遺族の潜在的持分の精算などの意義を有しています。そこで、遺留分制度は、被相続人の財産処分の自由と相続人の保護の調整を図る制度といわれています。

　ただし、遺留分制度が効果を発揮するのは、遺留分の権利を有する相続人が遺留分減殺請求権を行使した場合に限られ、相続人がその権利を行使しないときは、遺留分制度はその効力を生ずることはありません。この点について、最高裁平成13年11月22日判決（民集55巻6号1033頁）は、「遺留分制度は、被相続人の財産処分の自由と身分関係を背景として相続人の諸利益との調整を図るものである。民法は、被相続人の財産処分の自由を尊重して、遺留分を侵害する遺言について、いったんその意思どおりの効果を生じさせるものとした上、これを覆して侵害された遺留分を回復するかどうかを、専ら遺留分権利者の自律的決定にゆだねたものということができる」と判示しています。

　遺留分は、全ての相続人に権利があるわけではありません。兄弟姉妹を除く法定相続人である、配偶者、子、直系尊属に遺留分があります（民法第1028条）。また、子の代襲相続人（再代襲を含む）にも遺留分があります（民法第1044条）。胎児も生きて生まれたときは、遺留分を有します。

兄弟姉妹には遺留分がありませんので、兄弟姉妹に相続財産を残したくない場合には、遺言により、全ての財産を兄弟姉妹以外の者に与えることになります。

　相続権を失うと、遺留分も失います。したがって、欠格・廃除・相続放棄などがあると、遺留分を失うことになります。

　遺留分制度では、遺留分権利者が遺留分減殺請求権を行使することにより、その効果を生じます。それまでは効果を生じません。相続開始前に遺留分権利者が遺留分権を放棄するには、家庭裁判所の許可を得る必要があります（民法第1043条1項）。家庭裁判所の許可を必要としたのは、被相続人の威圧などにより、遺留分放棄がされるのを防止するためです。

　一旦遺留分放棄の許可審判がされても、許可の前提となった事情が変化したような場合には、放棄許可審判を取り消すことができることとされています（家事審判法第78条1項）。

　遺留分放棄は、相続放棄とは異なるので、遺留分放棄をしても、遺産分割により財産を取得することができます。また、遺留分放棄をしても、他の共同相続人の遺留分が増加するわけではありません。

2　遺留分減殺請求の行使方法

　被相続人が贈与・遺贈などをした結果、遺留分に満たない遺産しか得ることができない遺留分権利者は、遺贈や贈与などの減殺を請求することができます（民法第1031条）。遺留分減殺請求権が行使されるまでは、被相続人による贈与や遺贈などは有効であり、減殺請求権が行使されることによって、それらの効力が失われることになります。

遺留分減殺請求権は、遺留分権利者、遺留分権利者が死亡した時の相続人、包括受遺者、相続分の譲受人、遺留分権利者から減殺請求権を譲り受けた者などです。

　民法第423条には、債務者が無資力の場合に、債権者が債務者の権利を代わって行使することができるという「債権者代位権」が定められていますが、最高裁は、遺留分減殺請求権を行使上の一身専属権であるとして、債権者代位権の行使を否定しています（最高裁平成13年11月22日判決、民集55巻6号1033頁）。

　遺留分減殺請求権は、遺贈や贈与を受けた者に対して、内容証明郵便などを送付することによって行使します。遺贈や贈与などを受けた者が死亡していたときは、その相続人に対して行使します。

　被相続人の全財産が相続人の一部の者に遺贈された場合に、遺留分減殺請求権を有する相続人が、遺贈の効力を争うことなく、遺産分割協議の申し入れをした、という事案において、最高裁平成10年6月11日判決（民集52巻4号1034頁）は、「特段の事情のない限り、その申入れには遺留分減殺の意思表示が含まれると解すべき」と判示しました。

　遺贈や贈与を受けた者が、その目的物を第三者に譲渡していた場合には、価格弁償による減殺請求をすることになります（民法第1040条1項）。この場合、第三者が遺留分侵害について悪意だった場合には、悪意の第三者に対しても遺留分減殺請求権を行使することができます（同条2項）。

3 遺留分減殺の順序

　遺贈と贈与がある場合には、遺贈をまず減殺し、遺贈を全部減殺して

も足りないときに贈与を減殺することになります（民法第1033条）。では、死因贈与があったときは、どの順序で減殺されるのでしょうか。

この点、東京高裁平成12年3月8日判決（民法百選Ⅲ97）は、「死因贈与も、生前贈与と同じく契約締結によって成立するという点では贈与としての性質を有していることは否定すべくもないのであるから、死因贈与は、遺贈と同様に取り扱うよりはむしろ贈与として取り扱うのが相当であり、ただ民法1033条及び1035条の趣旨にかんがみ、通常の生前贈与よりも遺贈に近い贈与として、遺贈に次いで、生前贈与よりも先に減殺の対象とすべきものと解するのが相当である」と判示しています。

この判例によると、減殺の順序は、遺贈→死因贈与→生前贈与、ということになります。

次に、複数の遺贈がある場合には、遺贈者に特段の意思表示がない限り、遺贈の目的物全体についてそれぞれの価額の割合に応じて減殺することになります（民法第1034条）。

これに対し、複数の生前贈与がある場合には、相続開始時に近い贈与から減殺し、順次前の贈与への減殺していくことになります。

遺贈と贈与がある場合	まず遺贈を減殺し、足りないときに贈与を減殺する。
複数の遺贈がある場合	遺贈者の特段の意思表示がなければ、価額の割合に応じて減殺する。
複数の贈与がある場合	相続開始時に近い贈与から順番に減殺する。
死因贈与がある場合	法律の規定はないが、東京高裁平成12年3月8日判決は、遺贈→死因贈与→生前贈与の順番で減殺するとした。

4 遺留分減殺請求権の効力

遺留分減殺請求権の行使がどのような効果を持つかに関し、最高裁昭

和57年3月4日判決（民集36巻3号241頁）は、「遺留分減殺請求権は形成権であって、その行使により贈与又は遺贈は遺留分を侵害する限度において失効し、受贈者又は受遺者が取得した権利は右の限度で当然に遺留分権利者に帰属する」としています。

この結果、特定物が遺贈や贈与などされた時に遺留分減殺請求権が行使された場合には、遺贈や贈与などの全部が減殺された時は遺留分請求権者の単独所有となり、一部が減殺された時は受遺者ないし受贈者との共有となります。この共有は、遺産共有ではなく、物権法の共有なので、共有状態を解消するには、遺産分割の手続ではなく、共有物分割の手続をとることになります。

特定物の遺贈や贈与などの全部が減殺されて遺留分権利者の単独所有となった場合には、相手方が、目的物の現物を返還する義務を負いますが、これに代えて、価額による弁償をすることによって現物返還義務を免れることができます（民法第1041条）。また、一部減殺により共有状態になった場合にも、価額弁償によって共有状態を解消できると解されています。

価額弁償をする際の「価額」は、どの時点で算定するのか、について、最高裁昭和51年8月30日判決（民法百選Ⅲ94）は、「価額弁償における価額算定の基準時は、現実に弁償がされる時であり、遺留分権利者において当該価額弁償を請求する訴訟にあっては現実に弁償がされる時に最も接着した時点としての事実審口頭弁論終結の時である」としています。

また、複数の特定物の贈与または遺贈が減殺された時には、「受贈者又は受遺者は、民法1041条1項に基づき、減殺された贈与又は遺贈の目的たる各個の財産について、価額を弁償して、その返還義務を免れることができるものと解すべきである」（最高裁平成12年7月11日判決、

民法百選Ⅲ98）とされています。したがって、受贈者または受遺者は、特定物ごとに、現物返還するか、価額弁償するかを選択することができることになります。

なお、価額弁償によって現物返還義務を免れるのは、単に価額弁償の意思表示をするだけでは足りず、「遺留分権利者に対し価額の弁償を現実に履行し又は価額の弁償のための弁済の提供をしなければ」ならないとされています（最高裁昭和54年7月10日判決、民集33巻5号562頁）。

包括遺贈の場合には、特定物の遺贈または贈与の場合と異ならず、個々の財産について物権法上の共有状態になるとされています。

しかし、このように遺留分減殺請求権の行使により共有状態が生ずるとなると、その後の共有状態の解消のために、新たな紛争が生ずる可能性もあります。遺留分制度が、遺族の生活保障と遺産形成に貢献した遺族の潜在的持分の精算などの意義を持つことから考えると、遺留分減殺請求権に物権的効果を発生させる必要はなく、価額賠償で十分ではないか、という意見がありました。

そこで、改正相続法では、遺留分減殺請求権の物権的効果を否定し、遺留分侵害額に相当する金銭の支払を請求することができる「遺留分侵害額請求権」という制度に改めました。この結果、遺留分侵害額請求権を行使しても共有状態は生じなくなり、金銭支払請求のみができることになりました。この点については、第9章で説明します。

5 遺留分の基礎となる財産

遺留分の基礎となる財産の計算は、被相続人が相続開始の時において有した財産の価額にその贈与した財産の価額を加えた額から債務の全額

を控除することによって行います（民法第1029条1項）。「相続開始の時において有した財産」は、積極財産のことであり、遺贈や死因贈与の目的とされた財産も含まれます。

　条件付の権利または存続期間の不確定な権利は、家庭裁判所が選任した鑑定人の評価に従ってその価額を決めることになります（同条2項）。

　計算式にすると、次のようになります。

　相続開始時の積極財産＋贈与－債務＝遺留分算定の基礎となる財産

「贈与した財産」については、特別受益として贈与した財産とその他の一般贈与した財産とで取扱が異なります。

　まず、一般贈与の場合には、相続開始前の1年間にしたものに限って遺留分算定の基礎財産に算入するのが原則です。しかし、贈与者と受贈者の双方が遺留分権利者に損害を加えることを知って贈与をしたときは、1年前の日より前にした贈与であっても、遺留分算定の基礎財産に算入することになります（民法第1030条）。ここで、「遺留分権利者に損害を加えることを知って」というのは、（1）贈与当時の財産状態で遺留分を侵害するという事実の認識と、（2）将来においても財産が増加し、その結果遺留分が充足されることはありそうにないという予見、が必要とされています。

　これに対し、相続人に対する特別受益として贈与された財産については、贈与時期にかかわらず、全て遺留分算定の基礎財産に算入することになります（民法第1044条、903条）。ただし、最高裁平成10年3月24日判決（民法百選Ⅲ93）は、相続開始よりも相当以前にされたものであって、その後の時の経過に伴う社会経済事情や相続などの関係人の個人的事情の変化をも考慮するとき、減殺請求を認めることが右相続人に酷であるなどの特段の事情があるときは減殺の対象とならないとしています。

特別受益を受けた相続人が、相続放棄をした場合の持戻しは、どうなるでしょうか。

　相続放棄をすると、その相続人ははじめから相続人でなかったことになります（民法第939条）。したがって、相続人としての特別受益はなくなり、その観点からの持戻しはなされないこととなります。

　そこで、この場合には、遺留分権利者に損害を加えることを知ってなされた贈与かどうかが検討されることになります。

　相続開始前にされた贈与財産について、いつの時点での価額を遺留分算定の基礎財産に算入するかについて、多数説は、相続開始時の貨幣価値に換算されるとされています。特別受益として贈与された財産を遺留分算定の基礎財産に加える場合、それが金銭である場合には相続開始の時の貨幣価値に換算した価額をもって評価するとした判例として、最高裁昭和51年3月18日判決（民集30巻2号111頁）があります。

6 遺留分侵害額の計算

　遺留分の基礎となる財産を計算したら、個別に遺留分権利者の遺留分侵害額を計算することになります。この計算方法については、最高裁平成8年11月26日判決（民法百選Ⅲ90）は、遺留分算定の基礎となる財産に民法第1028条所定の「遺留分の割合を乗じ、複数の遺留分権利者がいる場合は更に遺留分権利者それぞれの法定相続分の割合を乗じ、遺留分権利者がいわゆる特別受益財産を得ているときはその価額を控除して算定すべきものであり、遺留分の侵害額は、このようにして算定した遺留分の額から、遺留分権利者が相続によって得た財産がある場合はその額を控除し、同人が負担すべき相続債務がある場合はその額を加算し

て算定する」と判示しています。民法第1028条所定の遺留分の割合は、遺留分権利者全体に遺されるべき相続財産全体に対する割合であり、総体的遺留分率といい、次のようになっています。
① 直系尊属のみが相続人である場合は被相続人の相続財産の3分の1
② その他の場合は被相続人の相続財産の2分の1

前述の最高裁の判決文を計算式にすると、次のようになります。

> 遺留分算定の基礎財産×（総体的遺留分率×遺留分権利者の法定相続分の割合）－当該遺留分権利者の特別受益額－遺留分権利者が相続によって得た財産の額＋遺留分権利者が負担すべき相続債務の額＝遺留分侵害額

相続人に対する遺贈が遺留分減殺請求権の対象となる場合に、受遺者も遺留分を有している場合があります。この場合に、遺贈の全部が遺留分減殺請求権の対象となると、受遺者の遺留分が侵害される結果となってしまいます。そこで、このような場合は、遺贈の目的の価額のうち受遺者の遺留分額を超える部分のみが減殺の対象となる価額となります（最高裁平成10年2月26日判決、民法百選Ⅲ95）。

特別受益としての贈与について持戻し免除の意思表示がされていた場合において、当該贈与が遺留分減殺請求権の行使により減殺されたときは、持戻し免除の意思表示は、遺留分を侵害する限度で失効し、当該贈与にかかる財産の価額は、遺留分を侵害する限度で遺留分権利者である相続人の相続分に加算され、当該贈与を受けた相続人の相続分から控除されるとした判例があります（最高裁平成24年1月26日判決、民法百選Ⅲ96）。

7 生命保険と遺留分

　被相続人が、自己を被保険者とする生命保険契約を契約しているときに、死亡保険金の受取人を被相続人から相続人に変更する行為が遺留分減殺請求権の対象となる遺贈または贈与にあたるかどうかが争われた事案があります。これについて、最高裁平成14年11月5日判決（民集56巻8号2069頁）は、遺留分減殺請求の対象にはならない、と判示しました。

　養老保険契約に基づき保険金受取人とされた相続人が取得する死亡保険金請求権またはこれを行使して取得した死亡保険金が、民法第903条1項（特別受益）に規定する遺贈または贈与に係る財産にあたるかいなかが争われた事案があります。この事案において、最高裁平成16年10月29日判決（百選Ⅲ61）は、特別受益に該当する遺贈または贈与にかかる財産にはあたらない、と判示した上で、「保険金受取人である相続人とその他の共同相続人との間に生ずる不公平が民法903条の趣旨に照らし到底是認することができないほどに著しいものであると評価すべき特段の事情が存する場合には、同条の類推適用により、当該死亡保険金請求権は特別受益に準じて持戻しの対象となる」としたことは、生命保険金の項で述べたとおりです。

8 相続税申告後に遺留分減殺額が確定した場合の処理

　相続税の申告をした後に遺留分減殺額が確定した場合は、すでに提出した申告書の計算の前提となる取得財産が増加または減少することにな

ります。取得財産が減少した場合は、相続税額も減少しますので、遺留分減殺額が確定した日の翌日から４ヶ月以内に更正の請求をすることができます（相続税法第32条１項３号）。

　反対に、取得財産が増加する場合には、相続税額も増加しますので、修正申告をすることになります（相続税法第31条１項）。

経営承継円滑化法

（１）法律の概要

　中小企業の経営者が事業を子などに承継しようとして、保有する株式を贈与しても、遺留分制度による制限を受け、中小企業の株式が分散したり、その所有権をめぐって紛争が生ずることがあり、円滑な経営の承継の障害となっていました。そこで、中小企業の経営の円滑な承継に資するため、2008（平成20）年に、「中小企業における経営の承継の円滑化に関する法律」（以下、「経営承継円滑化法」と言います）が成立しました。

　経営承継円滑化法は、民法における遺留分の特例、事業承継時における金融支援措置、相続税の課税についての措置の３つの内容から構成されています。

　経営承継円滑化法は、先代経営者が生存中に、経済産業大臣の確認を受けた後継者が、遺留分を有する推定相続人全員の合意と家庭裁判所の許可を条件に、次のことが可能になりました。

① 　後継者が先代経営者から贈与等により取得した株式等の全部または一部を遺留分算定の基礎財産から除外すること（除外合意）。

②　①の株式等の全部または一部を遺留分算定の基礎財産に算入する際に合意の時点で評価額とすること（固定合意）。
③　①の合意に加えて、後継者が先代経営者から贈与等により取得したそれ以外の財産や遺留分を有する他の共同相続人が先代経営者から贈与等により取得した財産についても遺留分算定の基礎財産から除外すること。

(2) 中小企業の要件

経営承継円滑法が適用されるためには、「特例中小企業」でなければなりません（経営承継円滑化法第4条1項）。特例中小企業は、次のとおりです。
①　業種ごとに規定された資本金の額または従業員数以下の会社
②　3年以上継続して事業を行っている会社
③　株式を上場や店頭公開していない会社

(3) 方法

「除外合意」も「固定合意」も、ともに後継者を含めた推定相続人全員で書面により合意する必要があります（経営承継円滑化法第7条2項1号）。また、固定合意については、固定する価額を、弁護士、弁護士法人、公認会計士、監査法人、税理士または税理士法人が、その時における相当な価額と証明したものでなければなりません（経営承継円滑化法第4条1項2号）。

(4) 効力

除外合意の合意書面について、経済産業大臣の確認を経て、家庭裁判所の許可がなされると、その時点で効力を生じます（経営承継円滑法

第9条1項)。

その結果、除外された

① 後継者に贈与等された株式
② 後継者に贈与等された株式以外の財産
③ 他の相続人に贈与等された財産

について、いずれも遺留分算定の基礎財産から除外されます(経営承継円滑化法第9条1項)。

固定合意の合意書面について、経済産業大臣の確認を経て、家庭裁判所の許可がなされると、その時点で効力を生じます(経営承継円滑化法第9条2項)。その結果、遺留分の基礎に加えられる株式の価額は、固定合意により合意した価額となります。

(5) 合意の効力の消滅

除外合意および固定合意の効力は、次の事由が生じたときにその効力を失います(経営承継円滑化法第10条)。

① 経済産業大臣の確認が取り消されたとき
② 旧代表者の生存中に後継者が死亡し、または後見開始もしくは保佐開始の審判を受けたとき
③ 合意の当事者以外の者が新たに旧代表者の推定相続人となったとき
④ 合意の当事者の代襲者が旧代表者の養子になったとき

消滅時効

遺留分減殺請求権には、消滅時効制度が定められています。

遺留分減殺請求権は、遺留分権利者が、相続の開始及び減殺すべき贈

与または遺贈があったことを知ったときから1年間行使しないときは、時効によって消滅します。また、相続の開始及び減殺すべき贈与または遺贈があったことを知らなかったとしても、相続開始から10年を経過したときは、同じく消滅することになります（民法第1042条）。

ここで、「相続の開始及び減殺すべき贈与または遺贈があったことを知ったとき」というのは、単にそれらを知るだけでなく、それが遺留分を侵害し、減殺しうべきものであることを知ったときとされています。

遺留分減殺請求権の消滅時効は、請求権行使の時効なので、消滅する前に遺留分減殺請求権を行使すれば物権的効果が生じ、その結果生じる返還請求権は期限経過により時効消滅するものではありません。

なお、10年の期間については、除斥期間と解されています。

第 8 章

財産分離・相続回復請求権

1 財産分離

（1）財産分離制度とは

　「財産分離」とは、相続財産と相続人の固有財産との混合を避けるため、相続開始後に、相続債権者、受遺者、相続人の債権者の利益を保護するため、それらの者の請求によって、相続財産を分離して管理・清算する手続のことです。

　相続債権者は相続財産からの回収を期待しています。受遺者は、相続財産からの財産の取得を期待しています。しかし、相続人の固有財産が債務超過であるときは、相続財産がプラスであっても、相続人の固有財産と混合することによって、債権の回収が出来なくなったり、財産の取得ができなくなったり、というような事態が生ずる可能性があります。そこで、そのような事態を防ぐために相続財産と相続人の財産を分離する手続が「第一種財産分離」というものです。

　次に、相続人の債権者は、相続人の固有財産からの回収を期待していますが、相続財産が債務超過であるにもかかわらず、相続人が相続放棄や限定承認をしないときは、債務超過である相続財産と相続人の固有財産が混合することにより、債権の回収が出来なくなったり、財産の取得ができなくなったり、というような事態が生ずる可能性があります。そこで、そのような事態を防ぐために相続財産と相続人の財産を分離する手続が「第二種財産分離」というものです。

（2）財産分離の手続

　相続債権者又は受遺者は、相続開始の時から３ヶ月以内に、相続人の

財産の中から相続財産を分離することを家庭裁判所に請求することができます。相続財産が相続人の固有財産と混合しない間は、3ヶ月経過後もできることとされています（民法第941条1項）。家庭裁判所は、財産分離の必要性が認められる場合には、審判で財産分離を命じ、必要な処分を命じることができます（民法第943条）。

いかなる場合に家庭裁判所は財産分離を命じることができるのかが争われた事例で、最高裁平成29年11月28日決定（判例時報2359号10頁）は、「家庭裁判所は、相続人がその固有財産について債務超過の状態にあり又はそのような状態に陥るおそれがあることなどから、相続財産と相続人の固有財産とが混合することによって相続債権者等がその債権の全部又は一部の弁済を受けることが困難となるおそれがあると認められる場合に、民法941条1項の規定に基づき、財産分離を命ずることができるものと解するのが相当」としました。

財産分離の請求があると、相続人は、以後、その固有財産におけると同一の注意をもって相続財産の管理をしなければなりません（民法第944条）。なお、不動産については、財産分離の登記をしなければ、財産分離を第三者に対抗できないとされています（民法第945条）。

財産分離の審判が確定すると、財産分離を請求した者は、5日以内に、相続債権者・受遺者に対して財産分離があったこと、および2ヶ月以上の期間を定めて、その期間内に配当加入の申し出をすべきことを公告しなければなりません（民法第941条）。そして、期間経過後に配当手続へと移っていきます。

財産分離の請求があった場合でも、思い入れがある自宅不動産など、相続人が相続財産を手放したくないような場合があります。そのような場合には、相続人は、相続人の固有財産をもって相続債権者もしくは受遺者に弁済をし、または相当の担保を提供して、財産分離の請求を防止

し、またはその効力を消滅させることができます。ただし、相続人の債権者が、これによって損害を受けることを証明して異議を述べたときは、この限りではありません（民法第949条）。

2 相続回復請求権

　相続回復請求権は、相続人でない者が相続財産の全部または一部を占有して真の相続人の相続権を侵害している場合に、真の相続人が相続財産を占有している表見相続人に対して相続財産の回復を請求する権利です。

　民法は、相続回復請求権について、第884条で「相続回復の請求権は、相続人又はその法定代理人が相続権を侵害された事実を知った時から5年間行使しないときは、時効によって消滅する。相続開始の時から20年を経過したときも、同様とする」として一箇条のみ規定しています。

第 9 章

相続法改正

1 相続法改正の概要

　民法の相続分野に関する改正法案が、2018（平成30）年7月6日に、参議院で可決され成立し、7月13日に公布されました。相続法改正は、平成25年9月4日に、最高裁が、非嫡出子の相続分を嫡出子の2分の1とすることを憲法違反であると判断したことにより、民法の一部改正がされたことを契機として、平成26年1月に「相続法制検討ワーキングチーム」が法務省に設置され、検討を続けてきた結果を受けて、成立したものです。

　改正相続法の概要としては、以下のとおりです。

（1）配偶者の居住権を保護するための「配偶者居住権」の新設
（2）配偶者保護のための持戻し免除の意思表示の推定
（3）預貯金の仮払い仮処分要件の緩和
（4）預貯金払戻制度の創設
（5）遺産の一部分割
（6）分割前における遺産を処分した場合の遺産の範囲
（7）自筆証書遺言の方式緩和
（8）自筆証書遺言の法務局による保管制度
（9）遺贈の担保責任
（10）遺言執行者の権限の明確化
（11）遺言執行者の復任権
（12）遺留分侵害額請求権
（13）相続による権利と義務の承継
（14）相続人以外の者の特別の寄与

2 配偶者居住権

　配偶者居住権とは、被相続人の財産に属した建物に相続開始の時に居住していた配偶者が、当該建物に一定期間居住できる権利です。居住権と短期居住権があります。

（1）配偶者居住権

　配偶者居住権とは、被相続人の財産に属した建物に相続開始の時に居住していた配偶者が、当該建物を長期間無償で使用収益できる権利です。高齢化社会の進展により、被相続人の高齢化とともに、その配偶者の高齢化も多くなってくることが予想されます。その場合、長年、被相続人所有の建物に住み慣れた配偶者は、死ぬまでその建物に住み続けたいと願うのが通例です。しかし、被相続人が遺言を遺さずに死亡し、相続財産が自宅以外にそれほどない場合には、遺産分割をしなければならなくなり、配偶者が自宅に住み続けられるとは限りません。また、仮に、遺産分割で配偶者が自宅を確保できたとしても、不動産が高額であることから、配偶者が取得できるのは自宅のみとなり、将来の生活資金を確保できない、という事態も想定されます。そこで、このような配偶者に保護を与えようとするのが、配偶者居住権ということになります。

　配偶者居住権により配偶者に与えられるのは、居住する権利であり、建物の所有権とは切り離されています。それによって、建物所有権自体を取得するよりも低額に取得することができます。その結果、配偶者居住権以外に遺産分割等により将来の生活資金を確保できる道も残されるようになります。

(一) 成立要件と内容

　配偶者居住権は、被相続人の財産である建物に、相続開始の時に居住していることを前提として、以下の場合に成立します（新民法第1028条1項）。

① 遺産分割により、配偶者居住権を取得するものとされたとき
② 配偶者居住権が遺贈の目的とされたとき
③ 配偶者に配偶者居住権を取得させる旨の死因贈与契約があるとき

　①の場合には、家庭裁判所の遺産分割審判がなされることもあります。ただし、家庭裁判所は、以下の場合に限って、配偶者居住権を配偶者に取得させる旨の審判をすることができます（新民法第1029条）。

① 共同相続人間に配偶者が配偶者居住権を取得することについて合意が成立しているとき
② 配偶者が家庭裁判所に対して配偶者居住権の取得を希望する旨を申し出た場合において、居住建物の所有者の受ける不利益の程度を考慮してもなお配偶者の生活を維持するために特に必要があると認めるとき

　配偶者居住権の存続期間は、配偶者の終身となります。ただし、遺産分割協議や遺産分割審判、あるいは遺言で別の定めがなされているときは、その定めるところが優先します（新民法第1030条）。

(二) 効力

(ア) 登記

　配偶者居住権は、配偶者居住権設定登記をすることができ、登記をしたときは、居住建物の物権（所有権や抵当権等）を取得した者その他の第三者に対抗することができます。そして、登記をしたときは、居住建物の占有を妨害している第三者に対する妨害停止請求権と居住建物を占

有している第三者に対する返還請求権を持ちます。これらの権利を確保するため、配偶者は、配偶者居住権を取得したときは、居住建物の所有者に対し、配偶者居住権の設定登記手続を求めることができます（新民法第1031条）。

（イ）使用方法等

配偶者は、居住建物を使用するに際しては、従前の用法に従い、善良な管理者の注意をもって使用しなければいけません。ただし、従前居住の用に供していなかった部分も居住の用に供することができます。

また、配偶者居住権は、あくまで配偶者の居住権を確保しようとする制度ですので、配偶者居住権を譲渡することはできません（新民法第1032条2項）。

配偶者が、居住建物の増改築をするには、居住建物の所有者の承諾を得なければなりません。また、第三者に居住建物の使用もしくは収益をさせるときも、居住建物の所有者の承諾を得ることが必要です（同条3項）。

配偶者が適法に第三者に居住建物の使用または収益をさせているときは、当該第三者は、配偶者が居住建物の所有者に対して負担している債務の範囲を限度として、居住建物の所有者に対し、配偶者と当該第三者との契約に基づく債務を直接履行する義務を負います。ただし、居住建物の所有者は、当然のことながら、配偶者に直接権利行使をすることもできます。

配偶者が適法に第三者に居住建物の使用または収益をさせているときに、居住建物の所有者と配偶者との合意で配偶者居住権を消滅させたときは、配偶者居住権の消滅を第三者に対抗することができません。ただし、配偶者居住権が義務違反により消滅されたときは、この限りでありません。

配偶者は、居住建物を、従前の用法に従い、善良な管理者の注意をもって、使用収益しなければなりません（新民法第1032条1項）。

(ウ) 修繕等

居住建物が修繕を要するとき、または居住建物について権利を主張する者があるときは、配偶者は、居住建物の所有者に対し、遅滞なくその旨を通知しなければいけません。ただし、居住建物の所有者がすでにこれを知っているときは、通知は不要です（新民法第1033条3項）。また、配偶者は、居住建物の使用に必要な修繕を自ら行うことができますが（同条1項）、自ら修繕を行う場合も、通知は不要となります。

居住建物の修繕が必要である場合に、配偶者が相当期間内に必要な修繕をしないときは、居住建物の所有者が修繕をすることができます（同条2項）。

(エ) 費用負担

配偶者は、居住建物の通常の必要費（建物を保存・管理するための費用）を負担します（新民法第1034条1項）。ただし、配偶者が、居住建物について、通常の必要費以外の費用を支出したときは、居住建物の所有者は、その費用の償還をしなければなりません。この費用が有益費（建物の価値を増加させる費用）である場合には、所有者が請求することにより、裁判所が費用の償還について相当の期限を与えることができます。

(三) 配偶者居住権の消滅

配偶者居住権は、配偶者が死亡したときは、自動的に消滅します。この場合には、配偶者の相続人が居住建物の返還等の配偶者の義務を相続することになります。

配偶者が居住建物の所有権を取得したときは、配偶者居住権は消滅し

ますが、配偶者と第三者との共有になったときは、配偶者居住権は消滅しません。

　次に該当する事実があったときは、居住建物の所有者は、相当の期間を定めて是正の催告をし、その期間内に是正がされないときは、居住建物の所有者は、配偶者に対する意思表示によって配偶者居住権を消滅させることができます（新民法第1032条4項）。

①　配偶者が、従前の用法に従い、善良な管理者の注意をもって居住建物を使用しなかったとき
②　配偶者が、居住建物の所有者の承諾を得ずに、居住建物の増改築をし、または第三者に使用収益させたとき

　以上により、配偶者居住権が消滅したときは、配偶者は、居住建物を返還しなければなりません。ただし、配偶者が居住建物の共有持分を有するときは、消滅によって当然には返還の必要はありません（新民法第1035条1項）。

　配偶者が居住建物を返還する際には、相続開始後に配偶者が居住建物に付属させた物を撤去するとともに、配偶者の帰責事由により、居住建物に生じた損傷（通常損耗や経年劣化を除きます）を原状回復する義務を負います。ただし、居住建物に付属させた物が建物から分離できない場合および分離するのに過分の費用を要するときは、撤去の必要がありません（同条2項）。

　配偶者が使用収益方法に違反して生じた損害の賠償請求及び配偶者が支出した費用の償還は、いずれも居住建物の返還から1年以内に請求しなければなりません。そして、配偶者が使用方法に違反して生じた損害の賠償請求権の時効は、居住建物の返還から1年を経過するまでの間は、消滅時効が完成しないこととされています。

(四) 税務

　配偶者居住権は、遺産分割の対象となり、配偶者がその財産的価値に相当する価額を相続したものとして扱われますので、相続税申告において、配偶者居住権を相続財産として評価して申告を行うことが必要となってきます。なお、本書執筆時点においては、まだ財産評価基本通達は定められていません。

成立要件	被相続人の配偶者が、被相続人の財産である建物に、相続開始の時に居住していることを前提として、以下の場合に成立（新民法第1028条1項）。 ①遺産分割により、配偶者居住権を取得するものとされたとき ②配偶者居住権が遺贈の目的とされたとき ③配偶者に配偶者居住権を取得させる旨の死因贈与契約があるとき
効果	①配偶者の終身、建物を無償で使用収益できる。ただし、遺産分割協議や遺産分割審判、あるいは遺言で別の定めがなされているときは、その定めるところが優先する。 ②登記により、第三者に対抗できる。
使用上の義務	①善管注意義務 ②第三者に使用収益させるには、所有者の承諾必要 ③増改築するには、所有者の承諾必要 ④修繕が必要な時の原則的通知義務 ⑤必要費の負担 ⑥譲渡不可
消滅	①配偶者の死亡 ②配偶者の義務違反による消滅請求 ③存続期間満了 ④配偶者が建物所有権を取得したとき（ただし、共有の場合は×）

3　配偶者短期居住権

　配偶者短期居住権とは、被相続人の財産に属した建物に相続開始の時に「無償で」居住していた配偶者が、当該建物に一定期間無償で使用で

きる権利です。次の2種類があります。

① 居住建物について配偶者を含む共同相続人間で遺産の分割をすべき場合
② ①以外の場合

　被相続人の配偶者は、被相続人が死亡するまでの間、被相続人と同居していることが多いと思います。そして、自宅が相続財産である場合には、遺贈や遺産分割により、配偶者以外の者の所有に帰すことがあり、その場合には、配偶者は、自宅を出て、新しい住居に移転しなければならなくなることがあります。しかし、生存配偶者がただちに転居先を探して転居するのも大変です。そこで、改正前相続法の時は、判例法理により、共同相続人の一人が相続開始前から被相続人の許諾を得て相続財産である建物において被相続人と同居していたときは、特段の事情のない限り、被相続人と右の同居相続人との間において、右建物について、相続開始時を始期とし、遺産分割時を終期とする使用貸借契約が成立したものと推認し、生存配偶者の居住権を確保しようとしていました（最高裁平成8年12月17日判決、民集50巻10号2778頁）。

　しかし、この判例法理も、被相続人が反対の意思を表示しているときは適用できず、生存配偶者の保護に欠ける状態でした。そこで、改正相続法は、このような事態にも対処できるよう規律を整えたものです。

（一）配偶者短期居住権の成立要件と内容

　（ア）居住建物について配偶者を含む共同相続人間で遺産の分割をすべき場合（新民法第1037条1項1号）

　この場合の配偶者短期居住権の成立要件は、以下のとおりです。

① 配偶者が、被相続人の財産に属した建物に相続開始の時に無償で居住していたこと

② 居住建物について配偶者を含む共同相続人間で遺産の分割をすべき場合であること

　配偶者短期居住権が成立すると、配偶者は、遺産の分割により居住建物の帰属が確定した日または相続開始の時から６ヶ月を経過する日のいずれか遅い日までの間、居住建物の所有権を相続により取得した者に対し、居住建物について無償で使用する権利を取得します。ただし、配偶者が相続によって「配偶者居住権」を取得したとき、または欠格事由に該当しもしくは廃除によって相続権を失ったときは、配偶者短期居住権は発生しません。

（イ）（ア）以外の場合（同条１項２号）

　この場合の配偶者短期居住権の成立要件は、以下のとおりです。

① 配偶者が、被相続人の財産に属した建物に相続開始の時に無償で居住していたこと
② 配偶者以外の者が居住建物の所有権を相続し、又は遺贈により取得したこと

　配偶者短期居住権が成立すると、配偶者は、居住建物の所有権を相続又は遺贈により取得した者が配偶者短期居住権の消滅の申し入れをした日から６ヶ月を経過する日までの間、居住建物について無償で使用する権利を取得します。ただし、配偶者が相続によって「配偶者居住権」を取得したとき、または欠格事由に該当しもしくは廃除によって相続権を失ったときは、配偶者短期居住権は発生しません。

（二）配偶者短期居住権の効力

（ア）使用方法等

　配偶者は、居住建物を使用するに際しては、従前の用法に従い、善良な管理者の注意をもって使用しなければいけません（新民法第1038条１

項)。

　また、配偶者短期居住権は、あくまで配偶者の居住権を確保しようとする制度ですので、配偶者居住権を譲渡することはできません(新民法第1041条、1032条2項)。そして、居住建物の所有権を取得した者の承諾を得なければ、第三者に居住建物の使用をさせることはできません(新民法第1038条2項)。

(イ) 修繕等

　居住建物が修繕を要するとき、または居住建物について権利を主張する者があるときは、配偶者は、(一)(ア)の場合には他の共同相続人に対し、(一)(イ)の場合には居住建物の所有権を取得した者に対し、遅滞なくその旨を通知しなければいけません。ただし、他の相続人または居住建物の所有権を取得した者がすでにこれを知っているときは、通知は不要です。また、配偶者は、居住建物の使用に必要な修繕を自ら行うことができますが、自ら修繕を行う場合も、通知は不要となります。

　居住建物の修繕が必要である場合に、配偶者が相当期間内に必要な修繕をしないときは、他の共同相続人または居住建物の所有権を取得した者が修繕をすることができます。

(ウ) 費用負担

　配偶者は、居住建物の通常の必要費(建物を保存・管理するための費用)を負担します。ただし、配偶者が、居住建物について、通常の必要費以外の費用を支出したときは、(一)(ア)の場合には各共同相続人、(一)(イ)の場合には居住建物の所有権を取得した者は、その相続分または持分に応じて必要費の償還をしなければなりません。この費用が有益費(建物の価値を増加させる費用)である場合には、他の相続人または所有者が請求することにより、裁判所が費用の償還について相当の期限を与えることができます。

(三) 配偶者短期居住権の消滅

（ア）居住建物について配偶者を含む共同相続人間で遺産の分割をすべき場合

配偶者短期居住権は、次に該当する事実があったときは、自動的に消滅します。

① 配偶者が死亡したとき
② 配偶者が配偶者居住権を取得したとき

また、次に該当する事実があったときは、他の相続人は、配偶者に対する意思表示によって配偶者短期居住権を消滅させることができます。

① 配偶者が、従前の用法に従い、善良な管理者の注意をもって居住建物を使用しなかったとき
② 配偶者が、他の全て相続人の承諾を得ずに、居住建物を第三者に使用させたとき

以上により、配偶者短期居住権が消滅したときは、配偶者は、居住建物を返還しなければなりません。ただし、配偶者が居住建物の共有持分を有するときは、消滅によって当然には返還の必要はありません（新民法第1040条）。

配偶者が居住建物を返還する際には、相続開始後に配偶者が居住建物に付属させた物を撤去するとともに、配偶者の帰責事由により、居住建物に生じた損傷（通常損耗や経年劣化を除きます）を原状回復する義務を負います。ただし、居住建物に付属させた物が建物から分離できない場合および分離するのに過分の費用を要するときは、撤去の必要がありません（同条2項）。

配偶者が使用方法に違反して生じた損害の賠償請求及び配偶者が支出した費用の償還は、いずれも居住建物の返還から1年以内に請求しなければなりません。そして、配偶者が使用方法に違反して生じた損害の賠

	居住建物について配偶者を含む共同相続人間で遺産の分割をすべき場合	左以外の場合
成立要件	①配偶者が、被相続人の財産に属した建物に相続開始の時に無償で居住していたこと ②居住建物について配偶者を含む共同相続人間で遺産の分割をすべき場合であること	①配偶者が、被相続人の財産に属した建物に相続開始の時に無償で居住していたこと ②配偶者以外の者が居住建物の所有権を相続し、又は遺贈により取得したこと
効果	遺産の分割により居住建物の帰属が確定した日または相続開始の時から6ヶ月を経過する日のいずれか遅い日までの間、居住建物の所有権を相続により取得した者に対し、居住建物について無償で使用する権利を取得	居住建物の所有権を相続又は遺贈により取得した者が配偶者短期居住権の消滅の申し入れをした日から6ヶ月を経過する日までの間、居住建物について無償で使用する権利を取得
使用上の義務	①善管注意義務 ②必要費の負担 ③修繕が必要なときの通知 ④第三者に使用収益させるには、所有者の承諾必要 ⑤譲渡不可	左に同じ。
消滅	①配偶者が死亡したとき ②配偶者が配偶者居住権を取得したとき ③義務違反による消滅請求	①配偶者が死亡したとき ②配偶者が配偶者居住権を取得したとき ③消滅の申し入れをした日から6ヶ月を経過

償請求権の時効は、居住建物の返還から1年を経過するまでの間は、消滅時効が完成しないこととされています。

(イ)居住建物について配偶者を含む共同相続人間で遺産の分割をすべき場合以外の場合

居住建物の所有権を相続又は遺贈により取得した者は、配偶者に対し、いつでも配偶者短期居住権の消滅の申し入れをすることができます。この場合、申し入れをした日から6ヶ月を経過すると、配偶者短期居住権

が消滅します。また、配偶者が死亡したとき、および配偶者が配偶者居住権を取得したときは、配偶者短期居住権は消滅します。

配偶者短期居住権が消滅した後の処理は、（ア）と同じです。

以上の配偶者居住権および配偶者短期居住権については、2018年7月13日（改正民法の公布の日）から起算して2年を超えない範囲内において政令で定める日以後に開始した相続について適用されることになります（附則第10条1項）。ただし、配偶者居住権については、その日前にされた遺贈については適用されません（同条2項）。

4 持戻し免除の意思表示の推定

被相続人から共同相続人に対して遺贈された財産および婚姻や養子縁組のため、もしくは生計の資本として贈与された財産を「特別受益」と言います。特別受益とされると、その財産の価額を相続財産に持ち戻した上で、指定または法定相続分を計算し、そこから、その共同相続人が遺贈または贈与で得た財産を差し引いて、その共同相続人の具体的相続分とされます（新民法第903条1項）。ただし、相続人が持戻しを免除する意思表示をしたときは、遺留分を侵害しない範囲で、当該持戻しの処理は行われないこととなります（新民法第903条3項）。

たとえば、相続人として、妻と子1人を残して被相続人が死亡し、相続財産として、1,000万円の現金があるとします。そして、被相続人は、生前に妻に対して特別受益として1,000万円を贈与していたとします。

この場合、生前贈与の1,000万円が相続財産に持ち戻され、2,000万円となります。妻の法定相続分は2分の1なので、1,000万円が具体的相続分です。特別受益として得た財産が1,000万円なので、これを差し

相続人：妻、子	妻への生前贈与	相続財産

	1,000万円	1,000万円

【持戻し免除の意思表示がない場合】

(妻の相続分)

(遺産1,000万円＋持戻された特別受益1,000万円)
×法定相続分$\frac{1}{2}$－(特別受益1,000万円) ＝ 0円

(妻の最終的な取得分)

特別受益1,000万円

(子の相続分)

(遺産1,000万円＋持戻された特別受益1,000万円)
×法定相続分1／2 ＝1,000万円

【持戻し免除の意思表示がある場合】

(妻の相続分)

遺産1,000万円×法定相続分1／2 ＝ 500万円

(妻の最終的な取得分)

特別受益1,000万円＋500万円 ＝ 1,500万円

(子の相続分)

遺産1,000万円×法定相続分1／2 ＝500万円

引くと、0円となります。したがって、妻が相続財産から得る財産はないこととなり、子が1,000万円を相続します。

　しかし、被相続人が、遺言により特別受益の持ち戻しを免除する意思表示をしている場合には、持ち戻しの処理がされないこととなりますので、相続財産1,000万円に対する妻の法定相続分2分の1である500万円を妻が相続することとなり、子は残りの500万円を相続することとなります。子の遺留分は、500万円ですので、遺留分を侵害しません。

　この持戻し免除は、被相続人が、意思表示をすることが要件となっています。そこで、今回の改正相続法では、一般に、被相続人としては、持戻しを免除する意思があることが通常であること、高齢となった配偶者の一層の保護を図ること、長期間にわたり婚姻関係にある夫婦については、通常、他方の配偶者の財産形成に対する貢献度が高いこと、などを趣旨として、持戻し免除の意思表示がない場合でも、その意思表示を推定する規定を新設しました（新民法第903条4項）。

　具体的には、

① 　婚姻期間が20年以上の夫婦の一方である被相続人が、他の一方に対し、

② 　居住の用に供する建物またはその敷地を遺贈または贈与したとき

という要件を満たしたときは、持ち戻し免除の意思表示があったものと推定されます。

　ここでは、「推定」ということになっていますので、被相続人が持戻し免除をしない旨の意思表示をしているような場合には、推定が覆ることになり、原則どおり、持戻しがされることになります。

　この推定規定は、施行日前にされた遺贈または贈与については、適用されないこととされています（附則第4条）。

5 預貯金の仮払い仮処分要件の緩和

　債権は、相続財産を構成し、相続人に承継されます。債権のうち、可分債権については、「相続人数人ある場合において、相続財産中に金銭その他の可分債権あるときは、その債権は法律上当然分割され各共同相続人がその相続分に応じて権利を承継するものと解すべきである。」（最高裁昭和29年4月8日判決、民法百選Ⅲ65）とされています。

　そして、共同相続された預貯金債権について、以前は可分債権として、法定相続分に従って当然に相続されることとされていましたが、最高裁平成28年12月19日決定が、「共同相続された普通預金債権、通常貯金債権及び定期貯金債権は、いずれも、相続開始と同時に当然に相続分に応じて分割されることはなく、遺産分割の対象となる。」と判示したことにより、遺産分割の対象となることが明らかにされました。

　そうすると、遺産分割がなされるまでの間、被相続人の医療費などの債務を被相続人の預金から引き出して支払うには、共同相続人全員の合意が必要となり、不都合が生じる結果となってしまいます。

　相続法改正前でも、家庭裁判所は、遺産分割の審判前であっても、預貯金債権の払戻を認めることができました。それは、改正前家事事件手続法第200条です。

　この制度は、家庭裁判所は、
① 遺産の分割の審判または調停の申立があった場合において、
② 強制執行を保全し、または事件の関係人の急迫の危険を防止するため必要があるときは、
③ 当該申立をした者または相手方の申立により、
④ 遺産の分割の審判を本案とする仮差押え、仮処分その他の必要な保

全処分を命ずることができる、

というものです。ただ、この②の要件が厳しいため、あまり活用されなかったものです。

そこで、改正家事事件手続法では、この要件を緩和して、次のような預貯金債権の仮払い仮処分の要件の緩和をしました（改正家事事件手続法第200条）。

家庭裁判所は、

① 遺産の分割の審判または調停の申立があった場合において、
② 相続財産に属する債務の弁済、相続人の生活費の支弁その他の事情により遺産に属する預貯金債権を当該申立をした者または相手方が行使する必要があると認めるときは、
③ その者（相続人）の申立により、
④ 遺産に属する特定の預貯金債権の全部または一部を仮に取得させることができる、

というものです。

ただし、他の共同相続人の利益を害するときは、この処分はできません。

この仮処分がなされた場合、その後の遺産分割については、あらためて仮処分により取得された預貯金債権を含めて遺産分割の調停または審判がされることになります。

（要件の緩和）

改正前の要件	強制執行を保全し、または事件の関係人の急迫の危険を防止するため必要があるときは
改正相続法	相続財産に属する債務の弁済、相続人の生活費の支弁その他の事情により遺産に属する預貯金債権を当該申立をした者または相手方が行使する必要があると認めるときは、

6 預貯金払戻制度の創設

　預貯金の仮払い仮処分要件の緩和により、家庭裁判所への申立によって、預貯金の仮払いを受けられやすくなりました。しかし、同制度は、遺産分割の審判または調停を家庭裁判所に申立をした上で申立をしなければいけません。しかし、共同相続人間で、特に紛争がなく、家庭裁判所に遺産分割の審判または調停を申し立てるまでもない事案であっても、預貯金の払い戻しが必要となる場合があります。そこで、改正相続法では、家庭裁判所の判断を経ずに、預貯金の一部の払戻を受けることができる制度を創設しました（新民法第909条の2）。

　この制度は、遺産に属する預貯金債権のうち、
① 相続開始の時の預貯金債権額の3分の1に
② 当該払戻を受ける共同相続人の法定相続分を乗じた額（上限額は法務省令で定められます）を
③ 単独で払戻を受けることができる

　というものです。

　払戻を受けた金額については、当該共同相続人が遺産の一部分割により取得したものとみなされます。

　この制度を活用することにより、一部ではありますが、遺産分割を経ず、また家庭裁判所の判断を経ずに、相続開始後の資金需要に応えることができるようになりました。

　この制度は、施行日より前に開始した相続に関し、施行日以後に預貯金債権が行使されるときにも適用されることとされています（附則第5条1項）。

7 遺産の一部分割

　改正相続法では、改正前にも認められていた規律を、条文で明確化する、という改正も行われています。改正前においても、共同相続人は、被相続人が遺言で禁じた場合を除き、遺産の全部ではなく、その一部についてのみ遺産分割協議により、遺産分割をすることができました。また、家庭裁判所での調停または審判でも、遺産の一部分割がされることがありました。

　ただし、遺産分割審判において一部分割を行うには、

① 遺産の一部を他の部分と分離して分割する合理的な理由があること
② 遺産の一部を分割することによって、全体としての適正な分割を行うために支障が生じないこと

の2つの要件が必要と解されており、一部分割は例外的な場合に認められる取扱となってしました。

　改正相続法では、この要件を緩和し、

① 共同相続人は、被相続人が遺言で禁じた場合を除き、いつでも、その協議で遺産の全部または一部の分割ができる（新民法第907条1項）。
② 共同相続人の協議が調わないとき、または協議をすることができないときは、各共同相続人は、その全部または一部の分割を家庭裁判所に請求することができる（同条2項）

ことを定めました。ただし、家庭裁判所は、遺産の一部を分割することにより、他の共同相続人の利益を害するおそれがある場合には、一部分割を認めてはいけません。

　この一部分割は、最高裁平成28年大法廷決定により、預貯金債権が

準共有とされ、法定相続分による当然相続ではなく、遺産分割の対象とされたことに対し、預貯金債権を先行して一部分割するなどの方法で利用されることが期待されます。

しかし、反対に、共同続人にとって欲しい相続財産のみを先行して一部分割し、利用価値の乏しい土地や空き家などが放置されるおそれがあるのではないか、との懸念もあります。

8 分割前における遺産の処分

遺産分割は、被相続人の死亡の時に被相続人に属していた財産であり、かつ、遺産分割時にも存在している財産を分割するものです。そこで、被相続人の死亡の時には被相続人に属していたものの、相続開始後に処分されて存在しなくなった財産については、遺産分割の対象とならないという問題がありました。

そこで、改正相続法では、このような場合に、遺産分割での不公平が生ずるのを防止するため、次のような規律を定めました。

① 遺産分割前に遺産が処分された場合であっても、共同相続人全員の同意により、その処分された遺産が遺産分割時に遺産として存在するものとみなすことができる（新民法第906条の2第1項）

② もし、遺産分割前の遺産処分が共同相続人の1人または数人によって行われたときは、その者の同意は要しないで①の同意をすることができる（同条2項）

これらの同意がなされた場合は、遺産分割時に存在しなくても、その財産が存在するものとして遺産分割をすることになります。

9 自筆証書遺言の方式緩和

　相続法改正前においては、自筆証書遺言は、遺言の全文、日付け、氏名を全て遺言者が自書しなければいけませんでした。しかし、遺言の全文の自書は負担が大きいものです。たとえば、遺言書において土地を特定するためには、所在・地番・地目・地積などを記載することになりますし、預金を特定するには、金融機関・口座の種類・口座番号・口座名義人などを記載することになります。財産が多ければ多いほど負担が大きくなり、自筆証書遺言利用の妨げとなってしまうおそれがあります。

　そこで、改正相続法では、遺言の全文自書を一部緩和しました。

　次のようになります（新民法第968条2項）。

① 相続財産の全部または一部の目録を添付する場合、
② 財産目録については自書を要しない（パソコン等で作成可）。
③ ただし、自書によらない各目録の1枚1枚に署名し、押印する必要がある。
④ 各目録の記載がその両面にある場合にあっては、その両面に署名し、押印する必要がある。

　この改正の結果、財産目録の作成が容易になり、自筆証書遺言の利用を促進することが期待されます。

（遺言書サンプル）

※全文自書する。

遺言書

1　私は、別紙遺産目録1記載の土地を、妻甲野花子（昭和〇年〇月〇日生）に相続させる。

2　私は、別紙遺産目録2記載の預金を、長男甲野一郎（昭和〇年〇月〇日生）に相続させる。

平成〇年〇月〇日

東京都千代田区一番町〇番地
甲野太郎　㊞

※ワープロで可。

※1枚1枚に署名押印が必要。

※両面ある場合は両面に署名押印が必要。

遺産目録

1　土地
　　所在　東京都千代田区一番町
　　地番　○番○
　　地積　○○平方メートル

2　預金
　　○銀行○支店
　　普通預金
　　口座番号　○○○

甲野太郎　㊞

　さらに、相続財産の加除訂正の方式についても緩和されました。
　相続法改正前においては、自筆証書遺言を加除訂正については、遺言者が、
①変更の場所を指示し、
②変更した旨を付記して特にこれに署名し、

③変更の場所に押印する

ことが要件とされていました。しかし、これでは負担が多いので、改正相続法では、加除訂正の方式が緩和されました。

次のようになります（同条3項）。
①旧財産目録を新財産目録のとおりに訂正する旨の文言を自書し、
②新財産目録の1枚1枚に署名し、押印する。

2019（平成31）年1月13日以後に作成された自筆証書遺言について適用されることとされています（附則第6条）。

10　法務局による保管制度

自筆証書遺言は、作成に費用がかからず、他人に知られることもなく作成できる、という点でメリットがありましたが、自分で保管しなければならないため、なくしてしまったり、誰かに破棄・隠匿・変造されたり、などという危険がありました。

そこで、「法務局における遺言書の保管等に関する法律」が2018（平成30）年7月6日に成立し、同月13日に公布されました。この法律（以下、「遺言書保管法」と言います）により、法務局による自筆証書遺言の保管制度を創設しました。

この制度は、次のような制度です。

（1）相続開始前

（一）自筆証書遺言を作成した遺言者（本人に限る）は、遺言者の住所地・本籍地・所有不動産の所在地を管轄する法務局の遺言書保管官に遺言書を保管するよう申し出ることができます（法務大臣指定の法務

局)。この場合の遺言書は、封をしないものに限られます(遺言書保管法第4条)。

(二)遺言者生存中、遺言者は、遺言書を保管している法務局に対し、遺言書の返還を請求することができます。但し、遺言者自ら出頭しなければなりません(遺言書保管法第8条)。

(三)法務局は、遺言書の原本を遺言書保管所の施設内で保管します(遺言書保管法第5条)。また、保管する遺言書について、データで情報を保管します(遺言書保管法第7条)。

(四)遺言者は、いつでも保管された遺言書の閲覧を請求することができます。ただし、自ら出頭することが必要です(遺言書保管法第6条)。

(2)相続開始後

(一)遺言者死亡後、遺言書にかかる相続人および受遺者ならびに遺言執行者は、法務局に対し、遺言書を保管している法務局の名称等、あるいは、保管されていないときはその旨を証明する書面の交付を請求することができます(遺言書保管法第9条)。この法務局は、法務大臣指定の法務局であれば、どの法務局でもよいとされています。

(二)遺言者死亡後、相続人等の関係者は、遺言書を保管している法務局に対し、遺言書の閲覧を請求し、または遺言書の画像情報等を証明した書面の交付を請求することができます(遺言書保管法第10条)。この法務局は、法務大臣指定の法務局であれば、どの法務局でもよいとされています。

(三)(一)、(二)の閲覧あるいは書面交付をしたときは、法務局は、相続人等に対して、遺言書を保管している旨を通知しなければなりません。

(四)この制度により自筆証書遺言が法務局に保管されているときは、

家庭裁判所における検認の手続は不要です。

(3) 施行日

遺言書保管法は、2018（平成30）年7月13日（公布日）から起算して2年を超えない範囲内において政令で定める日から施行されます。

11 遺贈の担保責任

　改正相続法で、遺贈の担保責任の法的性質が明確になりました。担保責任とは、贈与契約や売買契約の譲渡人等が、その目的物を十全な状態で譲受人等に移転することを担保する責任のことです。
　改正前は、この担保責任が債務不履行責任なのか、法定の責任なのかについて見解が分かれていましたが、改正により、債務不履行責任であることが明確化されました。
　その結果、遺贈義務者は、遺贈の目的である物または権利を、相続開始の時の状態で引き渡し、または移転する義務を負うこととされました。ただし、遺言者が、その遺言にこれとは異なる意思表示をしたときは、その意思表示に従うことになります（新民法第998条）。
　この制度は、施行日より前にされた遺贈については、適用されません（附則第7条1項）。

12 遺言執行者の権限

（1）遺言執行者の権限の一般的明確化

　改正相続法で、遺言執行者の権限が明確になりました。改正前は、遺言執行者の法的地位について条文上明確ではなく、相続人とのトラブルや訴訟の当事者適格について争いがありました。

　改正相続法で、遺言執行者の責務は、相続人の利益のためではなく、「遺言の内容を実現する」ことであることが明確化されました。そのため、遺言執行者は、遺言の内容を実現するため、相続財産の管理その他遺言の執行に必要な一切の行為をする権利義務を有することになります（新民法第1012条1項）。

　そして、遺言執行者は、その任務を開始したときは、遅滞なく、遺言の内容を相続人に通知しなければなりません（新民法第1007条）。

　この規律は、施行日前に開始した相続に関し、同日以後に遺言執行者になる者にも適用されます（附則第8条1項）。

　遺言執行者の行為の効果については、遺言執行者がその権限内において遺言執行者であることを示してした行為は、相続人に対して直接にその効力を生じることとされました（新民法第1015条）。

　遺言執行者がある場合には、相続人は、相続財産の処分その他遺言の執行を妨げる行為をすることができません（新民法第1013条）。改正相続法は、この規定に違反した行為を無効としました。ただし、これをもって善意の第三者に対抗することはできません（同条2項）。また、これらについては、相続人の債権者（相続債権者を含む）が相続財産について差押等の権利を行使することを妨げない、としています（同条3項）。

（2）特定遺贈・特定財産承継遺言の場合の遺言執行者の権限明確化

改正相続法は、特定遺贈および「相続させる」旨の遺言（特定財産承継遺言）がなされた場合の遺言執行者の権限について明確にしました。

(一) 特定遺贈の場合

改正相続法では、遺言執行者の権限は、次のように定められました。
① 特定遺贈がされた場合において、遺言執行者があるときは、遺贈の履行は遺言執行者のみが行うことができる（新民法第1012条2項）。
② 遺言者が遺言において①と異なる意思表示をしているときは、その意思表示に従う。

この規律は、施行日より前に開始した相続に関し、同日以後に遺言執行者になる者にも適用されます（附則第8条1項）。

(二) 特定財産承継遺言の場合

「特定財産承継遺言」とは、遺産の分割の方法の指定として遺産に属する特定の財産を共同相続人の一人または数人に承継させる旨の遺言（いわゆる「相続させる」旨の遺言）です（新民法第1014条2項）。

この場合、たとえば不動産を相続した相続人は、単独で登記申請をすることができる（不動産登記法第63条2項）ので、遺言執行者の職務は顕在化しませんでした。しかし、当該相続人が長期間所有権移転登記をせずに放置している間に他の相続人が当該不動産につき自己名義に所有権移転登記をしてしまったような場合には、遺言の実現が妨害されたといえ、遺言執行者の職務が顕在化することになります。

また、預貯金債権について特定財産承継遺言があった場合の遺言執行者の払戻請求権の有無は明確ではありませんでした。

そこで、改正相続法では、遺言執行者の権限は、次のように定められました。
① 特定財産承継遺言がされた場合において、遺言執行者があるときは、

遺言執行者は、その相続人が対抗要件を備えるために必要な行為をすることができる（新民法第1014条2項）。

② ①の財産が預貯金債権であるときは、遺言執行者は、預貯金の払い戻しの請求をする権限も有する（同条2項）。

③ ①の財産が預貯金債権であり、かつ、特定財産承継遺言の目的財産が預貯金債権の全部であるときは、遺言執行者は、預金または貯金の契約の解約の申し入れをする権限も有する。

④ ②遺言者が遺言において①～③と異なる意思表示をしているときは、その意思表示に従う（同条4項）。

これらの規律は、施行日前にされた特定の財産に関する遺言にかかる遺言執行者によるその執行については適用されません（附則第8条2項）。

13 遺言執行者の復任権

相続法改正前においては、遺言者が遺言に反対の意思表示をした場合を除き、疾病や長期不在などのやむを得ない事由がなければ、遺言執行者は、その任務を第三者に行わせることができないとされていました。

しかし、専門知識等の関係で、遺言執行の任務を法律家等に行わせることが適切であることも多いことから、改正相続法では、遺言執行者の復任要件を緩和しました。

改正相続法では、次のようになります（新民法第1016条）。

① 遺言者が遺言で反対の意思表示をしていない限り、

② 遺言執行者は、自己の責任で第三者にその任務を行わせることができる。

③ ②の場合において、第三者に任務を行わせることが「やむを得ない事由」によるときは、遺言執行者は、第三者の選任および監督についての責任のみを相続人に対して負担する。

この規律は、施行日前にされた遺言については適用されません（附則第8条3項）。

14　遺留分侵害額請求権

（1）遺留分侵害額請求権への変更

相続法改正前においては、遺留分減殺請求権を行使すると、遺留分減殺請求権の行使者の遺留分を侵害する限度で遺贈等の効力が失効し、その限度で、遺贈等の目的財産についての権利が遺留分権利者に帰属しました。これを「物権的効果」といいます。これに対し、受遺者または受贈者は、遺贈等にかかる現物を返還することにかえて、遺留分侵害額の価額弁償をすることができることとされていました。しかし、遺留分権利者の側から積極的に価額弁償を選択することはできませんでした。

しかし、遺留分減殺請求権は、遺留分権利者の生活保障や最低限の相続分の確保などが目的であり、そのためには、必ずしも物権的効果を生じさせる必要はありません。

そこで、改正相続法では、遺留分権を行使することにより、受遺者等に対し、遺留分侵害額に相当する金銭の支払いを請求することができることになりました（新民法第1046条1項）。これを「遺留分侵害額請求権」といいます。要は、物権的効果を生じさせるのではなく、金銭債権を生じさせることにしたものです。

	改正前	改正相続法
請求権行使の効果	遺贈等の目的財産についての権利が遺留分権利者に帰属（物権的効果）	遺留分侵害額に相当する金銭の支払請求権が発生
受遺者等の義務の履行	①現物を返還 ②価額弁償	金銭債務を履行

（2）負担の順序

遺留分侵害額請求権が行使されたときの受遺者または受贈者の負担の順序は、次のように定められました。

① 受遺者と受贈者がいるときは、受遺者が先に負担する。

② 受遺者が複数いるとき、または複数の贈与が同時にされたときは、受遺者または受贈者がその目的の価額の割合に応じて負担する。ただし、遺言者が遺言にこれと反する意思表示をしたときは、その意思に従う。

③ 受贈者が複数あるときは、後の贈与から順次前の贈与の順で負担する。

（3）支払期限の許与

遺留分侵害額請求権が金銭債権となったことから、受遺者等がただちに金銭を用意できない可能性が出てきました。そのため、裁判所は、受遺者または受贈者の請求により、遺留分侵害額請求権の行使により負担する債務の全部または一部の支払について、相当の期限を付与することができることとされました。

（4）遺留分算定のための財産の価額

生前贈与があった場合の遺留分算定のための期間制限について、改正

前は、相続人に対する特別受益として贈与された財産については、贈与時期にかかわらず、全て遺留分算定の基礎財産に算入することになっていました（民法第1044条、903条）。

しかし、改正相続法では、次のように定められました。
① 相続人に対する生前贈与については、特別受益に該当する贈与であり、かつ、相続開始前10年間にされたものに限り、その価額を遺留分を算定するための財産の価額に算入する（新民法第1044条3項）。ただし、当事者双方が遺留分権利者に損害を加えることを知って贈与した場合には、10年より前にされたものであっても、遺留分算定のための財産の価額に算入する（同条1項）。
② 相続人以外の者に対する生前贈与については、相続開始前の1年間にされたものに限り、その価額を遺留分を算定するための財産の価額に算入する。ただし、当事者双方が遺留分権利者に損害を加えることを知って贈与した場合には、1年より前にされたものであっても、遺留分算定のための財産の価額に算入する。

次に、負担付贈与の場合には、その目的の価額から負担の価額を控除した額を遺留分算定のための財産の価額に算入する、とされています（新民法第1045条1項）。

不相当な対価による有償行為がなされた場合は、当事者双方が遺留分権利者に損害を与えることを知ってしたものに限り、当該対価を負担の価額とする負担付贈与とみなし（同条2項）、対価を控除した残額が、遺留分算定のための財産の価額に算入されます。

（5）遺産分割の対象となる財産がある場合の算定方法

改正相続法では、遺産分割の対象財産がある場合（既に遺産分割が終了している場合も含む。）には、遺留分侵害額の算定をするにあたり、

遺留分権利者の具体的相続分に応じて遺留分権利者が取得する遺産の価額を控除する、とされています。

具体的な計算方法は、次のとおりです（新民法第1046条2項）。

(遺留分について)

遺留分＝遺留分を算定するための財産の価額×民法第1028条各号に掲げる遺留分率×遺留分権利者の法定相続分

(遺留分侵害額)

遺留分侵害額＝遺留分－遺留分権利者が受けた特別受益－遺産分割の対象財産がある場合には具体的相続分に応じて取得すべき遺産の価額（ただし、寄与分による修正は考慮しない）＋第899条の規定により遺留分権利者が承継する相続債務の額

(6) 債務の消滅があった場合

改正相続法では、遺留分権利者から遺留分侵害額請求権の行使を受けた受遺者等が、当該遺留分権利者の負担する相続債務について免責的債務引受、弁済その他の債務を消滅させる行為をした場合には、消滅させた相続債務の限度において、遺留分侵害額請求権の行使により受遺者等が負担する金銭債務の消滅を請求できることとされています。

15 相続の効力

(1) 権利の承継に関する対抗要件主義の採用

特定遺贈の場合には、所有権の移転を第三者に対抗するには、対抗要件を具備する必要があります（最高裁昭和39年3月6日判決、民法百

選Ⅲ73)。ただし、遺言執行者がいる場合には、受遺者は登記その他の対抗要件を具備することなしに、第三者に対抗することができる、とされています。

これに対し、「相続させる」旨の遺言（特定財産承継遺言）による不動産の権利の取得について、最高裁は、登記なくして第三者に対抗することができるとされています（最高裁平成14年6月10日判決、百選Ⅲ74)。

しかし、これでは、遺言の内容を知り得ない第三者の取引の安全を害するとともに、登記制度に対する信頼も害される、との指摘がありました。

そこで、改正相続法では、次のとおり、相続による権利の承継については、対抗要件主義を採用しました。

① 相続による権利の承継は、法定相続分を超える部分については、登記、登録その他の対抗要件を備えなければ、第三者に対抗することができない（新民法第899条の2第1項）。
② ①の権利が債権である場合には、法定相続分を超えて債権を承継した相続人（遺言執行者も）が、遺言の内容（遺産分割の場合には遺産分割の内容）を明らかにして債務者に承継の通知をしたときは、共同相続人の全員が債務者に通知をしたものとみなす（同条2項）。

民法第899条の2の規定については、施行日前に開始した相続に関して、同日以後に承継の通知がされるときにも適用されることとされています（附則第3条）。

(2) 義務の承継

債務者が死亡し、相続人が数人ある場合に、被相続人の金銭債務その他の可分債務は、法律上当然分割され、各共同相続人がその相続分に応

じて債務を承継します（最高裁昭和34年6月19日判決、民法百選Ⅲ62）。

相続人間においては、1人に対して「全部を相続させる」旨の遺言がある場合には、遺言の趣旨等から相続債務については当該相続人にすべてを相続させる意思のないことが明らかであるなどの特段の事情のない限り、相続人の間では、当該相続人が指定相続分の割合に応じて相続債務を全て承継することになります（最高裁平成21年3月21日判決、民法百選Ⅲ87）。

しかし、このような遺言による相続分の指定は、債権者の関与なくされるものですから、遺言による相続分の指定は、債権者に対抗できません。したがって、債権者は、各相続人に対し、法定相続分に従った相続債務の履行を請求することができます。ただし、相続債権者の方から相続債務についての相続分の指定の効力を承認し、各相続人に対し、指定相続分に応じた相続債務の履行を請求することは可能です（最高裁平成21年3月21日判決、民法百選Ⅲ87）。

そこで、改正相続法では、これら裁判例を整理し、次のように定められました（新民法第902条の2）。

① 相続分の指定がなされた場合であっても、相続債権者は、各共同相続人に対して、その法定相続分の割合でその権利を行使することができる。
② 相続債権者が共同相続人の一人に対して指定相続分の割合による義務の承継を承認したときは、各共同相続人に対して、その法定相続分の割合でその権利を行使することはできず、その指定相続分の割合でその権利を行使することができる。

（3）遺言執行者がいる場合の相続人の行為の効力

遺言執行者は、相続財産の管理その他遺言の執行に必要な一切の行為

をする権利義務があります（民法第1012条１項）。そして、遺言執行者がある場合には、相続人は、相続財産の処分その他遺言の執行を妨げる行為をすることができません（民法第1013条）。判例では、この規定に違反して、相続人が相続財産を処分した場合には、その処分行為は無効とされていました（大審院昭和５年６月16日判決、民集41巻３号474頁）。この場合には、受遺者は、登記なくして第三者に対抗することができることとなります。

　しかし、改正相続法では、この場合の効力を次のとおり修正しています。

① 　遺言執行者がいる場合には、相続財産の処分その他相続人がした遺言の執行を妨げるべき行為は無効とする。ただし、善意（遺言執行者がいることを知らないこと）の第三者に対抗することができない。

② 　①は、相続債権者または相続人の債権者が相続財産についてその権利を行使することを妨げない。

16　特別の寄与

　相続法改正前においては、被相続人の財産の維持または増加に寄与した者への寄与分は、相続人にのみ認められていました。しかし、被相続人の財産の維持または増加に寄与する者は、相続人に限られません。特に、共同相続人の配偶者や子らが被相続人の財産の維持または増加について特別の寄与をした場合に、その貢献をどうするかが問題となり、これらの者を共同相続人の補助者とみなして、当該共同相続人の寄与分として考慮するなどの工夫がなされてきました（東京家裁平成12年３月８日決定、家月52巻８号35頁）。しかし、そのような解釈による配慮も

十分なものではない、との指摘がありました。

そこで、改正相続法では、相続人以外の者の寄与について、次のように定めました。

① 被相続人に対して無償で療養看護その他の労務の提供をしたことにより被相続人の財産の維持または増加について特別の寄与をした被相続人の親族は、相続の開始後、相続人に対し、特別寄与者の寄与に応じた額の金銭（「特別寄与料」という）の支払を請求することができる（民法第1050条1項）。

② ただし、①は、相続人、相続放棄をした者、相続人の欠格事由に該当する者及び廃除された者は除く。

③ 特別寄与料の支払いについて、当事者間で協議が調わないとき、又は、協議をすることができないときは、特別寄与者は、家庭裁判所に対して、協議に代わる処分を請求することができる（同条2項）。

④ ③の家庭裁判所への請求は、特別寄与者が相続の開始及び相続人を知った時から6ヶ月を経過したとき、又は相続開始の時から1年を経過したときは、することができない（同条3項）。

⑤ ③の場合、家庭裁判所は、寄与の時期、方法及び程度、相続財産の額その他一切の事情を考慮して、特別寄与料の額を定める（同条3項）。

⑥ 特別寄与料の額は、被相続人が相続開始の時において有した財産の価額から遺贈の価額を控除した残額を超えることができない（同条4項）。

⑦ 相続人が数人ある場合には、各相続人は、特別寄与料の額に当該相続人の相続分を乗じた額を負担する（同条5項）。

17 改正相続法等の施行について

（1）改正相続法は、施行日前に開始した相続については、原則として、改正前相続法が適用されることになります（附則第2条）。

（2）新民法第899条の2（権利の承継に関する対抗要件主義の採用）の規定については、施行日より前に開始した相続に関し、遺産の分割による債権の承継がされた場合において、同日以後に承継の通知がされるときにも適用されることとされています（附則第3条）。

（3）新民法第903条4項（特別受益の持戻し免除の推定規定）は、施行日より前にされた遺贈または贈与については、適用されないこととされています（附則第4条）。

（4）新民法第909条の2（預貯金債権の払戻制度）は、施行日より前に開始した相続に関し、同日以後に預貯金債権が行使されるときにも適用されることとされています（附則第5条1項）。

（5）新民法第968条（自筆証書遺言の方式緩和）は、2019（平成31）年1月13日以後に作成された自筆証書遺言について適用されることとされています（附則第6条）。

（6）新民法第998条（遺贈の担保責任）の規定は、施行日より前にされた遺贈については、適用されません（附則第7条1項）

（7）新民法第1007条2項（遺言執行者の任務の開始通知）および1012条（遺言執行者の権利義務9の規定）は、施行日より前に開始した相続に関し、同日以後に遺言執行者になる者にも適用されます（附則第8条1項）。

（8）新民法第1014条2項から4項（特定財産に関する遺言の執行）の規定は、施行日前にされた特定の財産に関する遺言にかかる遺言執行者

によるその執行については適用されません（附則第8条2項）。

（9）新民法1016条（遺言執行者の復任権）の規律は、施行日前にされた遺言については適用されません（附則第8条3項）。

（10）新民法1018条から1041条（配偶者居住権）の規定は、2018（平成30）年7月13日（改正民法の交付の日）から起算して2年を超えない範囲内において政令で定める日以後に開始した相続について適用されることになります（附則第10条）。

（11）法務局における遺言書の保管制度は、2018（平成30）年7月13日（公布の日）から2年を超えない範囲内において政令で定める日から施行されます（「法務局における遺言書の保管等に関する法律」附則）。

（12）附則において特別の定めがある場合を除き、施行日前に開始した相続については、改正相続法は適用されません。

資料編

1 法務局における遺言書の保管等に関する法律
2 民法（明治29年法律第89号）の一部改正
3 家事事件手続法（平成23年法律第52号）の一部改正

1 法務局における遺言書の保管等に関する法律

(趣旨)
第1条 この法律は、法務局(法務局の支局及び出張所、法務局の支局の出張所並びに地方法務局及びその支局並びにこれらの出張所を含む。次条第1項において同じ。)における遺言書(民法(明治29年法律第89号)第968条の自筆証書によってした遺言に係る遺言書をいう。以下同じ。)の保管及び情報の管理に関し必要な事項を定めるとともに、その遺言書の取扱いに関し特別の定めをするものとする。

(遺言書保管所)
第2条 遺言書の保管に関する事務は、法務大臣の指定する法務局が、遺言書保管所としてつかさどる。
2 前項の指定は、告示してしなければならない。

(遺言書保管官)
第3条 遺言書保管所における事務は、遺言書保管官(遺言書保管所に勤務する法務事務官のうちから、法務局又は地方法務局の長が指定する者をいう。以下同じ。)が取り扱う。

(遺言書の保管の申請)
第4条 遺言者は、遺言書保管官に対し、遺言書の保管の申請をすることができる。
2 前項の遺言書は、法務省令で定める様式に従って作成した無封のものでなければならない。
3 第1項の申請は、遺言者の住所地若しくは本籍地又は遺言者が所有する不動産の所在地を管轄する遺言書保管所(遺言者の作成した他の遺言書が現に遺言書保管所に保管されている場合にあっては、当該他の遺言書が保管されている遺言書保管所)の遺言書保管官に対してしなければならない。
4 第1項の申請をしようとする遺言者は、法務省令で定めるところにより、遺言書に添えて、次に掲げる事項を記載した申請書を遺言書保管官に提出しなければならない。
一 遺言書に記載されている作成の年月日

二　遺言者の氏名、出生の年月日、住所及び本籍（外国人にあっては、国籍）
　　三　遺言書に次に掲げる者の記載があるときは、その氏名又は名称及び住所
　　　イ　受遺者
　　　ロ　民法第1006条第1項の規定により指定された遺言執行者
　　四　前三号に掲げるもののほか、法務省令で定める事項
5　前項の申請書には、同項第2号に掲げる事項を証明する書類その他法務省令で定める書類を添付しなければならない。
6　遺言者が第1項の申請をするときは、遺言書保管所に自ら出頭して行わなければならない。

（遺言書保管官による本人確認）
第5条　遺言書保管官は、前条第1項の申請があった場合において、申請人に対し、法務省令で定めるところにより、当該申請人が本人であるかどうかの確認をするため、当該申請人を特定するために必要な氏名その他の法務省令で定める事項を示す書類の提示若しくは提出又はこれらの事項についての説明を求めるものとする。

（遺言書の保管等）
第6条　遺言書の保管は、遺言書保管官が遺言書保管所の施設内において行う。
2　遺言者は、その申請に係る遺言書が保管されている遺言書保管所（第4項及び第8条において「特定遺言書保管所」という。）の遺言書保管官に対し、いつでも当該遺言書の閲覧を請求することができる。
3　前項の請求をしようとする遺言者は、法務省令で定めるところにより、その旨を記載した請求書に法務省令で定める書類を添付して、遺言書保管官に提出しなければならない。
4　遺言者が第2項の請求をするときは、特定遺言書保管所に自ら出頭して行わなければならない。この場合においては、前条の規定を準用する。
5　遺言書保管官は、第1項の規定による遺言書の保管をする場合において、遺言者の死亡の日（遺言者の生死が明らかでない場合にあっては、これに相当する日として政令で定める日）から相続に関する紛争を防止

する必要があると認められる期間として政令で定める期間が経過した後は、これを廃棄することができる。

（遺言書に係る情報の管理）

第7条　遺言書保管官は、前条第1項の規定により保管する遺言書について、次項に定めるところにより、当該遺言書に係る情報の管理をしなければならない。

2　遺言書に係る情報の管理は、磁気ディスク（これに準ずる方法により一定の事項を確実に記録することができる物を含む。）をもって調製する遺言書保管ファイルに、次に掲げる事項を記録することによって行う。

一　遺言書の画像情報
二　第4条第4項第1号から第3号までに掲げる事項
三　遺言書の保管を開始した年月日
四　遺言書が保管されている遺言書保管所の名称及び保管番号

3　前条第5項の規定は、前項の規定による遺言書に係る情報の管理について準用する。この場合において、同条第5項中「廃棄する」とあるのは、「消去する」と読み替えるものとする。

（遺言書の保管の申請の撤回）

第8条　遺言者は、特定遺言書保管所の遺言書保管官に対し、いつでも、第4条第1項の申請を撤回することができる。

2　前項の撤回をしようとする遺言者は、法務省令で定めるところにより、その旨を記載した撤回書に法務省令で定める書類を添付して、遺言書保管官に提出しなければならない。

3　遺言者が第1項の撤回をするときは、特定遺言書保管所に自ら出頭して行わなければならない。この場合においては、第5条の規定を準用する。

4　遺言書保管官は、遺言者が第1項の撤回をしたときは、遅滞なく、当該遺言者に第6条第1項の規定により保管している遺言書を返還するとともに、前条第2項の規定により管理している当該遺言書に係る情報を消去しなければならない。

（遺言書情報証明書の交付等）

第9条　次に掲げる者（以下この条において「関係相続人等」という。）は、

遺言書保管官に対し、遺言書保管所に保管されている遺言書（その遺言者が死亡している場合に限る。）について、遺言書保管ファイルに記録されている事項を証明した書面（第5項及び第12条第1項第3号において「遺言書情報証明書」という。）の交付を請求することができる。
一　当該遺言書の保管を申請した遺言者の相続人（民法第891条の規定に該当し又は廃除によってその相続権を失った者及び相続の放棄をした者を含む。以下この条において同じ。）
二　前号に掲げる者のほか、当該遺言書に記載された次に掲げる者又はその相続人（ロに規定する母の相続人の場合にあっては、ロに規定する胎内に在る子に限る。）
　イ　第4条第4項第3号イに掲げる者
　ロ　民法第781条第2項の規定により認知するものとされた子（胎内に在る子にあっては、その母）
　ハ　民法第893条の規定により廃除する意思を表示された推定相続人（同法第892条に規定する推定相続人をいう。以下このハにおいて同じ。）又は同法第894条第2項において準用する同法第893条の規定により廃除を取り消す意思を表示された推定相続人
　ニ　民法第897条第1項ただし書の規定により指定された祖先の祭祀を主宰すべき者
　ホ　国家公務員災害補償法（昭和26年法律第191号）第17条の5第3項の規定により遺族補償一時金を受けることができる遺族のうち特に指定された者又は地方公務員災害補償法（昭和42年法律第121号）第37条第3項の規定により遺族補償一時金を受けることができる遺族のうち特に指定された者
　ヘ　信託法（平成18年法律第108号）第3条第2号に掲げる方法によって信託がされた場合においてその受益者となるべき者として指定された者若しくは残余財産の帰属すべき者となるべき者として指定された者又は同法第89条第2項の規定による受益者指定権等の行使により受益者となるべき者
　ト　保険法（平成20年法律第56号）第44条第1項又は第73条第1項の規定による保険金受取人の変更により保険金受取人となるべき者

チ　イからトまでに掲げる者のほか、これらに類するものとして政令
　　　で定める者
　三　前2号に掲げる者のほか、当該遺言書に記載された次に掲げる者
　　イ　第4条第4項第3号ロに掲げる者
　　ロ　民法第830条第1項の財産について指定された管理者
　　ハ　民法第839条第1項の規定により指定された未成年後見人又は同
　　　法第848条の規定により指定された未成年後見監督人
　　ニ　民法第902条第1項の規定により共同相続人の相続分を定めるこ
　　　とを委託された第三者、同法第908条の規定により遺産の分割の方
　　　法を定めることを委託された第三者又は同法第1006条第1項の規
　　　定により遺言執行者の指定を委託された第三者
　　ホ　著作権法（昭和45年法律第48号）第75条第2項の規定により
　　　同条第1項の登録について指定を受けた者又は同法第116条第3項
　　　の規定により同条第1項の請求について指定を受けた者
　　ヘ　信託法第3条第2号に掲げる方法によって信託がされた場合にお
　　　いてその受託者となるべき者、信託管理人となるべき者、信託監督
　　　人となるべき者又は受益者代理人となるべき者として指定された者
　　ト　イからヘまでに掲げる者のほか、これらに類するものとして政令
　　　で定める者
2　前項の請求は、自己が関係相続人等に該当する遺言書（以下この条及
　び次条第1項において「関係遺言書」という。）を現に保管する遺言書
　保管所以外の遺言書保管所の遺言書保管官に対してもすることができ
　る。
3　関係相続人等は、関係遺言書を保管する遺言書保管所の遺言書保管官
　に対し、当該関係遺言書の閲覧を請求することができる。
4　第1項又は前項の請求をしようとする者は、法務省令で定めるところ
　により、その旨を記載した請求書に法務省令で定める書類を添付して、
　遺言書保管官に提出しなければならない。
5　遺言書保管官は、第1項の請求により遺言書情報証明書を交付し又は
　第3項の請求により関係遺言書の閲覧をさせたときは、法務省令で定め
　るところにより、速やかに、当該関係遺言書を保管している旨を遺言者

の相続人並びに当該関係遺言書に係る第4条第4項第3号イ及びロに掲げる者に通知するものとする。ただし、それらの者が既にこれを知っているときは、この限りでない。

（遺言書保管事実証明書の交付）

第10条　何人も、遺言書保管官に対し、遺言書保管所における関係遺言書の保管の有無並びに当該関係遺言書が保管されている場合には遺言書保管ファイルに記録されている第7条第2項第2号（第4条第4項第1号に係る部分に限る。）及び第4号に掲げる事項を証明した書面（第12条第1項第3号において「遺言書保管事実証明書」という。）の交付を請求することができる。

2　前条第2項及び第4項の規定は、前項の請求について準用する。

（遺言書の検認の適用除外）

第11条　民法第1004条第1項の規定は、遺言書保管所に保管されている遺言書については、適用しない。

（手数料）

第12条　次の各号に掲げる者は、物価の状況のほか、当該各号に定める事務に要する実費を考慮して政令で定める額の手数料を納めなければならない。

　一　遺言書の保管の申請をする者　遺言書の保管及び遺言書に係る情報の管理に関する事務

　二　遺言書の閲覧を請求する者　遺言書の閲覧及びそのための体制の整備に関する事務

　三　遺言書情報証明書又は遺言書保管事実証明書の交付を請求する者　遺言書情報証明書又は遺言書保管事実証明書の交付及びそのための体制の整備に関する事務

2　前項の手数料の納付は、収入印紙をもってしなければならない。

（行政手続法の適用除外）

第13条　遺言書保管官の処分については、行政手続法（平成5年法律第88号）第2章の規定は、適用しない。

（行政機関の保有する情報の公開に関する法律の適用除外）

第14条　遺言書保管所に保管されている遺言書及び遺言書保管ファイル

については、行政機関の保有する情報の公開に関する法律（平成11年法律第42号）の規定は、適用しない。
（行政機関の保有する個人情報の保護に関する法律の適用除外）
第15条　遺言書保管所に保管されている遺言書及び遺言書保管ファイルに記録されている保有個人情報（行政機関の保有する個人情報の保護に関する法律（平成15年法律第58号）第2条第5項に規定する保有個人情報をいう。）については、同法第4章の規定は、適用しない。
（審査請求）
第16条　遺言書保管官の処分に不服がある者又は遺言書保管官の不作為に係る処分を申請した者は、監督法務局又は地方法務局の長に審査請求をすることができる。
2　審査請求をするには、遺言書保管官に審査請求書を提出しなければならない。
3　遺言書保管官は、処分についての審査請求を理由があると認め、又は審査請求に係る不作為に係る処分をすべきものと認めるときは、相当の処分をしなければならない。
4　遺言書保管官は、前項に規定する場合を除き、3日以内に、意見を付して事件を監督法務局又は地方法務局の長に送付しなければならない。この場合において、監督法務局又は地方法務局の長は、当該意見を行政不服審査法（平成26年法律第68号）第11条第2項に規定する審理員に送付するものとする。
5　法務局又は地方法務局の長は、処分についての審査請求を理由があると認め、又は審査請求に係る不作為に係る処分をすべきものと認めるときは、遺言書保管官に相当の処分を命じ、その旨を審査請求人のほか利害関係人に通知しなければならない。
6　法務局又は地方法務局の長は、審査請求に係る不作為に係る処分についての申請を却下すべきものと認めるときは、遺言書保管官に当該申請を却下する処分を命じなければならない。
7　第1項の審査請求に関する行政不服審査法の規定の適用については、同法第29条第5項中「処分庁等」とあるのは「審査庁」と、「弁明書の提出」とあるのは「法務局における遺言書の保管等に関する法律（平成

30年法律第73号）第16条第4項に規定する意見の送付」と、同法第30条第1項中「弁明書」とあるのは「法務局における遺言書の保管等に関する法律第16条第4項の意見」とする。
（行政不服審査法の適用除外）
第17条 行政不服審査法第13条、第15条第6項、第18条、第21条、第25条第2項から第7項まで、第29条第1項から第4項まで、第31条、第37条、第45条第3項、第46条、第47条、第49条第3項（審査請求に係る不作為が違法又は不当である旨の宣言に係る部分を除く。）から第5項まで及び第52条の規定は、前条第1項の審査請求については、適用しない。
（政令への委任）
第18条 この法律に定めるもののほか、遺言書保管所における遺言書の保管及び情報の管理に関し必要な事項は、政令で定める。

附　則
　この法律は、公布の日から起算して2年を超えない範囲内において政令で定める日から施行する。

2 民法（明治29年法律第89号）の一部改正

※便宜上、改正されなかった条項も掲載しています。改正後（左欄）は改正民法の第2条関係の施行後の条項としています。

改　正　後	改　正　前
目次	目次
第5編　相続	第5編　相続
第3章　相続の効力	第3章　相続の効力
第1節　総則（第896条―<u>第899条の2</u>）	第1節　総則（第896条―<u>第899条</u>）
第7章　遺言	第7章　遺言
第5節　遺言の撤回及び取消し（第1022条―<u>第1027条</u>）	第5節　遺言の撤回及び取消し（第1022条―<u>第1027条</u>）
<u>第8章　配偶者の居住の権利</u>	<u>第8章　遺留分（第1028条―第1044条）</u>
<u>第1節　配偶者居住権（第1028条―第1036条）</u>	
<u>第2節　配偶者短期居住権（第1037条―第1041条）</u>	
<u>第9章　遺留分（第1042条―第1049条）</u>	
<u>第10章　特別の寄与（第1050条）</u>	（新設）
第1節　総則	第1節　総則
（相続財産に関する費用）	（相続財産に関する費用）
第885条　相続財産に関する費用は、その財産の中から支弁する。ただし、相続人の過失によるものは、この限りでない。	第885条　相続財産に関する費用は、その財産の中から支弁する。ただし、相続人の過失によるものは、この限りでない。
（削る）	2　<u>前項の費用は、遺留分権利者が贈与の減殺によって得た財産をもって支弁することを要しない。</u>
第899条　各共同相続人は、その相続分に応じて被相続人の権利義務を承継する。	第899条　各共同相続人は、その相続分に応じて被相続人の権利義務を承継する。

改 正 後	改 正 前
<u>（共同相続における権利の承継の対抗要件）</u> <u>第899条の2</u>　<u>相続による権利の承継は、遺産の分割によるものかどうかにかかわらず、次条及び第901条の規定により算定した相続分を超える部分については、登記、登録その他の対抗要件を備えなければ、第三者に対抗することができない。</u> <u>2　前項の権利が債権である場合において、次条及び第901条の規定により算定した相続分を超えて当該債権を承継した共同相続人が当該債権に係る遺言の内容（遺産の分割により当該債権を承継した場合にあっては、当該債権に係る遺産の分割の内容）を明らかにして債務者にその承継の通知をしたときは、共同相続人の全員が債務者に通知をしたものとみなして、同項の規定を適用する。</u>	（新設）
（遺言による相続分の指定） 第902条　被相続人は、前2条の規定にかかわらず、遺言で、共同相続人の相続分を定め、又はこれを定めることを第三者に委託することができる。 2　被相続人が、共同相続人中の一人若しくは数人の相続分のみを定め、又はこれを第三者に定めさせたときは、他の共同相続人の相続分は、前2条の規定により定める。	（遺言による相続分の指定） 第902条　被相続人は、前2条の規定にかかわらず、遺言で、共同相続人の相続分を定め、又はこれを定めることを第三者に委託することができる。<u>ただし、被相続人又は第三者は、遺留分に関する規定に違反することができない。</u> 2　被相続人が、共同相続人中の一人若しくは数人の相続分のみを定め、又はこれを第三者に定めさせたときは、他の共同相続人の相続分は、前2条の規定により定める。

改 正 後	改 正 前
(相続分の指定がある場合の債権者の権利の行使) 第902条の2　被相続人が相続開始の時において有した債務の債権者は、前条の規定による相続分の指定がされた場合であっても、各共同相続人に対し、第900条及び第901条の規定により算定した相続分に応じてその権利を行使することができる。ただし、その債権者が共同相続人の一人に対してその指定された相続分に応じた債務の承継を承認したときは、この限りでない。	(新設)
(特別受益者の相続分) 第903条　共同相続人中に、被相続人から、遺贈を受け、又は婚姻若しくは養子縁組のため若しくは生計の資本として贈与を受けた者があるときは、被相続人が相続開始の時において有した財産の価額にその贈与の価額を加えたものを相続財産とみなし、第900条から第902条までの規定により算定した相続分の中からその遺贈又は贈与の価額を控除した残額をもってその者の相続分とする。 2　遺贈又は贈与の価額が、相続分の価額に等しく、又はこれを超えるときは、受遺者又は受贈者は、その相続分を受けることができない。 3　被相続人が前2項の規定と異なった意思を表示したときは、その意思に従う。	(特別受益者の相続分) 第903条　共同相続人中に、被相続人から、遺贈を受け、又は婚姻若しくは養子縁組のため若しくは生計の資本として贈与を受けた者があるときは、被相続人が相続開始の時において有した財産の価額にその贈与の価額を加えたものを相続財産とみなし、前3条の規定により算定した相続分の中からその遺贈又は贈与の価額を控除した残額をもってその者の相続分とする。 2　遺贈又は贈与の価額が、相続分の価額に等しく、又はこれを超えるときは、受遺者又は受贈者は、その相続分を受けることができない。 3　被相続人が前2項の規定と異なった意思を表示したときは、その意思表示は、遺留分に関する規定に違反しない範囲内で、その効力を有する。

改正後	改正前
<u>4　婚姻期間が20年以上の夫婦の一方である被相続人が、他の一方に対し、その居住の用に供する建物又はその敷地について遺贈又は贈与をしたときは、当該被相続人は、その遺贈又は贈与について第1項の規定を適用しない旨の意思を表示したものと推定する。</u>	（新設）
（遺産の分割の基準） 第906条　遺産の分割は、遺産に属する物又は権利の種類及び性質、各相続人の年齢、職業、心身の状態及び生活の状況その他一切の事情を考慮してこれをする。	（遺産の分割の基準） 第906条　遺産の分割は、遺産に属する物又は権利の種類及び性質、各相続人の年齢、職業、心身の状態及び生活の状況その他一切の事情を考慮してこれをする。
<u>（遺産の分割前に遺産に属する財産が処分された場合の遺産の範囲）</u> <u>第906条の2　遺産の分割前に遺産に属する財産が処分された場合であっても、共同相続人は、その全員の同意により、当該処分された財産が遺産の分割時に遺産として存在するものとみなすことができる。</u> <u>2　前項の規定にかかわらず、共同相続人の一人又は数人により同項の財産が処分されたときは、当該共同相続人については、同項の同意を得ることを要しない。</u>	（新設）
（遺産の分割の協議又は審判等） 第907条　共同相続人は、次条の規定により被相続人が遺言で禁じた場合	（遺産の分割の協議又は審判等） 第907条　共同相続人は、次条の規定により被相続人が遺言で禁じた場合

改正後	改正前
を除き、いつでも、その協議で、遺産の<u>全部又は一部の</u>分割をすることができる。	を除き、いつでも、その協議で、遺産の分割をすることができる。
2　遺産の分割について、共同相続人間に協議が調わないとき、又は協議をすることができないときは、各共同相続人は、その<u>全部又は一部の</u>分割を家庭裁判所に請求することができる。<u>ただし、遺産の一部を分割することにより他の共同相続人の利益を害するおそれがある場合におけるその一部の分割については、この限りでない。</u>	2　遺産の分割について、共同相続人間に協議が調わないとき、又は協議をすることができないときは、各共同相続人は、その分割を家庭裁判所に請求することができる。
3　<u>前項本文</u>の場合において特別の事由があるときは、家庭裁判所は、期間を定めて、遺産の全部又は一部について、その分割を禁ずることができる。	3　<u>前項</u>の場合において特別の事由があるときは、家庭裁判所は、期間を定めて、遺産の全部又は一部について、その分割を禁ずることができる。
第909条　遺産の分割は、相続開始の時にさかのぼってその効力を生ずる。ただし、第三者の権利を害することはできない。	第909条　遺産の分割は、相続開始の時にさかのぼってその効力を生ずる。ただし、第三者の権利を害することはできない。
<u>（遺産の分割前における預貯金債権の行使）</u> <u>第909条の2　各共同相続人は、遺産に属する預貯金債権のうち相続開始の時の債権額の3分の1に第900条及び第901条の規定により算定した当該共同相続人の相続分を乗じた額（標準的な当面の必要生計費、平均的な葬式の費用の額その他の事情を</u>	（新設）

改正後	改正前
勘案して預貯金債権の債務者ごとに法務省令で定める額を限度とする。)については、単独でその権利を行使することができる。この場合において、当該権利の行使をした預貯金債権については、当該共同相続人が遺産の一部の分割によりこれを取得したものとみなす。	
(包括遺贈及び特定遺贈) 第964条　遺言者は、包括又は特定の名義で、その財産の全部又は一部を処分することができる。ただし、遺留分に関する規定に違反することができない。	(包括遺贈及び特定遺贈) 第964条　遺言者は、包括又は特定の名義で、その財産の全部又は一部を処分することができる。ただし、遺留分に関する規定に違反することができない。
(自筆証書遺言) 第968条　自筆証書によって遺言をするには、遺言者が、その全文、日付及び氏名を自書し、これに印を押さなければならない。 2　前項の規定にかかわらず、自筆証書にこれと一体のものとして相続財産(第997条第1項に規定する場合における同項に規定する権利を含む。)の全部又は一部の目録を添付する場合には、その目録については、自書することを要しない。この場合において、遺言者は、その目録の毎葉(自書によらない記載がその両面にある場合にあっては、その両面)に署名し、印を押さなければならない。	(自筆証書遺言) 第968条　自筆証書によって遺言をするには、遺言者が、その全文、日付及び氏名を自書し、これに印を押さなければならない。 (新設)

改正後	改正前
3　自筆証書（前項の目録を含む。）中の加除その他の変更は、遺言者が、その場所を指示し、これを変更した旨を付記して特にこれに署名し、かつ、その変更の場所に印を押さなければ、その効力を生じない。	2　自筆証書中の加除その他の変更は、遺言者が、その場所を指示し、これを変更した旨を付記して特にこれに署名し、かつ、その変更の場所に印を押さなければ、その効力を生じない。
（秘密証書遺言） 第970条　秘密証書によって遺言をするには、次に掲げる方式に従わなければならない。 　一　遺言者が、その証書に署名し、印を押すこと。 　二　遺言者が、その証書を封じ、証書に用いた印章をもってこれに封印すること。 　三　遺言者が、公証人一人及び証人二人以上の前に封書を提出して、自己の遺言書である旨並びにその筆者の氏名及び住所を申述すること。 　四　公証人が、その証書を提出した日付及び遺言者の申述を封紙に記載した後、遺言者及び証人とともにこれに署名し、印を押すこと。 2　第968条第3項の規定は、秘密証書による遺言について準用する。	（秘密証書遺言） 第970条　秘密証書によって遺言をするには、次に掲げる方式に従わなければならない。 　一　遺言者が、その証書に署名し、印を押すこと。 　二　遺言者が、その証書を封じ、証書に用いた印章をもってこれに封印すること。 　三　遺言者が、公証人一人及び証人二人以上の前に封書を提出して、自己の遺言書である旨並びにその筆者の氏名及び住所を申述すること。 　四　公証人が、その証書を提出した日付及び遺言者の申述を封紙に記載した後、遺言者及び証人とともにこれに署名し、印を押すこと。 2　第968条第2項の規定は、秘密証書による遺言について準用する。
（普通の方式による遺言の規定の準用） 第982条　第968条第3項及び第973条から第975条までの規定は、第976条から前条までの規定による遺言について準用する。	（普通の方式による遺言の規定の準用） 第982条　第968条第2項及び第973条から第975条までの規定は、第976条から前条までの規定による遺言について準用する。

改正後	改正前
(遺贈義務者の引渡義務) 第998条　遺贈義務者は、遺贈の目的である物又は権利を、相続開始の時（その後に当該物又は権利について遺贈の目的として特定した場合にあっては、その特定した時）の状態で引き渡し、又は移転する義務を負う。ただし、遺言者がその遺言に別段の意思を表示したときは、その意思に従う。	(不特定物の遺贈義務者の担保責任) 第998条　不特定物を遺贈の目的とした場合において、受遺者がこれにつき第三者から追奪を受けたときは、遺贈義務者は、これに対して、売主と同じく、担保の責任を負う。 2　不特定物を遺贈の目的とした場合において、物に瑕疵があったときは、遺贈義務者は、瑕疵のない物をもってこれに代えなければならない。
第1000条　削除	(第三者の権利の目的である財産の遺贈) 第1000条　遺贈の目的である物又は権利が遺言者の死亡の時において第三者の権利の目的であるときは、受遺者は、遺贈義務者に対しその権利を消滅させるべき旨を請求することができない。ただし、遺言者がその遺言に反対の意思を表示したときは、この限りでない。
(遺言執行者の任務の開始) 第1007条　遺言執行者が就職を承諾したときは、直ちにその任務を行わなければならない。 2　遺言執行者は、その任務を開始したときは、遅滞なく、遺言の内容を相続人に通知しなければならない。	(遺言執行者の任務の開始) 第1007条　遺言執行者が就職を承諾したときは、直ちにその任務を行わなければならない。 (新設)
(遺言執行者の権利義務) 第1012条　遺言執行者は、遺言の内	(遺言執行者の権利義務) 第1012条　遺言執行者は、相続財産

改正後	改正前
容を実現するため、相続財産の管理その他遺言の執行に必要な一切の行為をする権利義務を有する。	の管理その他遺言の執行に必要な一切の行為をする権利義務を有する。
<u>2　遺言執行者がある場合には、遺贈の履行は、遺言執行者のみが行うことができる。</u>	（新設）
<u>3</u>　第644条から第647条まで及び第650条の規定は、遺言執行者について準用する。	2　第644条から第647条まで及び第650条の規定は、遺言執行者について準用する。
（遺言の執行の妨害行為の禁止） 第1013条　遺言執行者がある場合には、相続人は、相続財産の処分その他遺言の執行を妨げるべき行為をすることができない。	（遺言の執行の妨害行為の禁止） 第1013条　遺言執行者がある場合には、相続人は、相続財産の処分その他遺言の執行を妨げるべき行為をすることができない。
<u>2　前項の規定に違反してした行為は、無効とする。ただし、これをもって善意の第三者に対抗することができない。</u>	（新設）
<u>3　前2項の規定は、相続人の債権者（相続債権者を含む。）が相続財産についてその権利を行使することを妨げない。</u>	（新設）
（特定財産に関する遺言の執行） 第1014条　前3条の規定は、遺言が相続財産のうち特定の財産に関する場合には、その財産についてのみ適用する。	（特定財産に関する遺言の執行） 第1014条　前3条の規定は、遺言が相続財産のうち特定の財産に関する場合には、その財産についてのみ適用する。
<u>2　遺産の分割の方法の指定として遺産に属する特定の財産を共同相続人の1人又は数人に承継させる旨の遺言（以下「特定財産承継遺言」とい</u>	（新設）

改正後	改正前
う。）があったときは、遺言執行者は、当該共同相続人が第899条の2第1項に規定する対抗要件を備えるために必要な行為をすることができる。	
3　前項の財産が預貯金債権である場合には、遺言執行者は、同項に規定する行為のほか、その預金又は貯金の払戻しの請求及びその預金又は貯金に係る契約の解約の申入れをすることができる。ただし、解約の申入れについては、その預貯金債権の全部が特定財産承継遺言の目的である場合に限る。	（新設）
4　前2項の規定にかかわらず、被相続人が遺言で別段の意思を表示したときは、その意思に従う。	（新設）
（遺言執行者の地位） 第1015条　遺言執行者がその権限内において遺言執行者であることを示してした行為は、相続人に対して直接にその効力を生ずる。	（遺言執行者の地位） 第1015条　遺言執行者は、相続人の代理人とみなす。
（遺言執行者の復任権） 第1016条　遺言執行者は、自己の責任で第三者にその任務を行わせることができる。ただし、遺言者がその遺言に別段の意思を表示したときは、その意思に従う。 2　前項本文の場合において、第三者に任務を行わせることについてやむを得ない事由があるときは、遺言執行者は、相続人に対してその選任及び監督についての責任のみを負う。	（遺言執行者の復任権） 第1016条　遺言執行者は、やむを得ない事由がなければ、第三者にその任務を行わせることができない。ただし、遺言者がその遺言に反対の意思を表示したときは、この限りでない。 2　遺言執行者が前項ただし書の規定により第三者にその任務を行わせる場合には、相続人に対して、第105条に規定する責任を負う。

改正後	改正前
第5節　遺言の撤回及び取消し （撤回された遺言の効力） 第1025条　前3条の規定により撤回された遺言は、その撤回の行為が、撤回され、取り消され、又は効力を生じなくなるに至ったときであっても、その効力を回復しない。ただし、その行為が<u>錯誤、</u>詐欺又は強迫による場合は、この限りでない。	第5節　遺言の撤回及び取消し （撤回された遺言の効力） 第1025条　前3条の規定により撤回された遺言は、その撤回の行為が、撤回され、取り消され、又は効力を生じなくなるに至ったときであっても、その効力を回復しない。ただし、その行為が詐欺又は強迫による場合は、この限りでない。
（負担付遺贈に係る遺言の取消し） 第1027条　負担付遺贈を受けた者がその負担した義務を履行しないときは、相続人は、相当の期間を定めてその履行の催告をすることができる。この場合において、その期間内に履行がないときは、その負担付遺贈に係る遺言の取消しを家庭裁判所に請求することができる。	（負担付遺贈に係る遺言の取消し） 第1027条　負担付遺贈を受けた者がその負担した義務を履行しないときは、相続人は、相当の期間を定めてその履行の催告をすることができる。この場合において、その期間内に履行がないときは、その負担付遺贈に係る遺言の取消しを家庭裁判所に請求することができる。
<u>第8章　配偶者の居住の権利</u> 　　　<u>第1節　配偶者居住権</u> （配偶者居住権） 第1028条　<u>被相続人の配偶者（以下この章において単に「配偶者」という。）は、被相続人の財産に属した建物に相続開始の時に居住していた場合において、次の各号のいずれかに該当するときは、その居住していた建物（以下この節において「居住建物」という。）の全部について無償で使用及び収益をする権利（以下この章において「配偶者居住権」と</u>	（新設） （新設） （新設）

改正後	改正前
いう。）を取得する。ただし、被相続人が相続開始の時に居住建物を配偶者以外の者と共有していた場合にあっては、この限りでない。 　一　遺産の分割によって配偶者居住権を取得するものとされたとき。 　二　配偶者居住権が遺贈の目的とされたとき。 2　居住建物が配偶者の財産に属することとなった場合であっても、他の者がその共有持分を有するときは、配偶者居住権は、消滅しない。 3　第903条第4項の規定は、配偶者居住権の遺贈について準用する。 （審判による配偶者居住権の取得） 第1029条　遺産の分割の請求を受けた家庭裁判所は、次に掲げる場合に限り、配偶者が配偶者居住権を取得する旨を定めることができる。 　一　共同相続人間に配偶者が配偶者居住権を取得することについて合意が成立しているとき。 　二　配偶者が家庭裁判所に対して配偶者居住権の取得を希望する旨を申し出た場合において、居住建物の所有者の受ける不利益の程度を考慮してもなお配偶者の生活を維持するために特に必要があると認めるとき（前号に掲げる場合を除く。）。 （配偶者居住権の存続期間） 第1030条　配偶者居住権の存続期間	 （新設） （新設）

改正後	改正前
は、配偶者の終身の間とする。ただし、遺産の分割の協議若しくは遺言に別段の定めがあるとき、又は家庭裁判所が遺産の分割の審判において別段の定めをしたときは、その定めるところによる。	
(配偶者居住権の登記等) 第1031条　居住建物の所有者は、配偶者（配偶者居住権を取得した配偶者に限る。以下この節において同じ。）に対し、配偶者居住権の設定の登記を備えさせる義務を負う。	(新設)
2　第605条の規定は配偶者居住権について、第605条の4の規定は配偶者居住権の設定の登記を備えた場合について準用する。	(新設)
(配偶者による使用及び収益) 第1032条　配偶者は、従前の用法に従い、善良な管理者の注意をもって、居住建物の使用及び収益をしなければならない。ただし、従前居住の用に供していなかった部分について、これを居住の用に供することを妨げない。	(新設)
2　配偶者居住権は、譲渡することができない。	
3　配偶者は、居住建物の所有者の承諾を得なければ、居住建物の改築若しくは増築をし、又は第三者に居住建物の使用若しくは収益をさせることができない。	

改正後	改正前
4　配偶者が第1項又は前項の規定に違反した場合において、居住建物の所有者が相当の期間を定めてその是正の催告をし、その期間内に是正がされないときは、居住建物の所有者は、当該配偶者に対する意思表示によって配偶者居住権を消滅させることができる。 （居住建物の修繕等） 第1033条　配偶者は、居住建物の使用及び収益に必要な修繕をすることができる。 2　居住建物の修繕が必要である場合において、配偶者が相当の期間内に必要な修繕をしないときは、居住建物の所有者は、その修繕をすることができる。 3　居住建物が修繕を要するとき（第1項の規定により配偶者が自らその修繕をするときを除く。）又は居住建物について権利を主張する者があるときは、配偶者は、居住建物の所有者に対し、遅滞なくその旨を通知しなければならない。ただし、居住建物の所有者が既にこれを知っているときは、この限りでない。 （居住建物の費用の負担） 第1034条　配偶者は、居住建物の通常の必要費を負担する。 2　第583条第2項の規定は、前項の通常の必要費以外の費用について準用する。	（新設） （新設）

改　正　後	改　正　前
(居住建物の返還等) 第1035条　配偶者は、配偶者居住権が消滅したときは、居住建物の返還をしなければならない。ただし、配偶者が居住建物について共有持分を有する場合は、居住建物の所有者は、配偶者居住権が消滅したことを理由としては、居住建物の返還を求めることができない。 2　第599条第1項及び第2項並びに第621条の規定は、前項本文の規定により配偶者が相続の開始後に附属させた物がある居住建物又は相続の開始後に生じた損傷がある居住建物の返還をする場合について準用する。	(新設)
(使用貸借及び賃貸借の規定の準用) 第1036条　第597条第1項及び第3項、第600条、第613条並びに第616条の2の規定は、配偶者居住権について準用する。	(新設)
第2節　配偶者短期居住権 (配偶者短期居住権) 第1037条　配偶者は、被相続人の財産に属した建物に相続開始の時に無償で居住していた場合には、次の各号に掲げる区分に応じてそれぞれ当該各号に定める日までの間、その居住していた建物(以下この節において「居住建物」という。)の所有権を相続又は遺贈により取得した者	(新設)

改　正　後	改　正　前
(以下この節において「居住建物取得者」という。)に対し、居住建物について無償で使用する権利(居住建物の一部のみを無償で使用していた場合にあっては、その部分について無償で使用する権利。以下この節において「配偶者短期居住権」という。)を有する。ただし、配偶者が、相続開始の時において居住建物に係る配偶者居住権を取得したとき、又は第891条の規定に該当し若しくは廃除によってその相続権を失ったときは、この限りでない。 一　居住建物について配偶者を含む共同相続人間で遺産の分割をすべき場合　遺産の分割により居住建物の帰属が確定した日又は相続開始の時から6箇月を経過する日のいずれか遅い日 二　前号に掲げる場合以外の場合　第3項の申入れの日から6箇月を経過する日 2　前項本文の場合においては、居住建物取得者は、第三者に対する居住建物の譲渡その他の方法により配偶者の居住建物の使用を妨げてはならない。 3　居住建物取得者は、第1項第1号に掲げる場合を除くほか、いつでも配偶者短期居住権の消滅の申入れをすることができる。 (配偶者による使用) 第1038条　配偶者(配偶者短期居住	(新設)

改正後	改正前
権を有する配偶者に限る。以下この節において同じ。）は、従前の用法に従い、善良な管理者の注意をもって、居住建物の使用をしなければならない。 ２　配偶者は、居住建物取得者の承諾を得なければ、第三者に居住建物の使用をさせることができない。 ３　配偶者が前２項の規定に違反したときは、居住建物取得者は、当該配偶者に対する意思表示によって配偶者短期居住権を消滅させることができる。	
（配偶者居住権の取得による配偶者短期居住権の消滅） 第1039条　配偶者が居住建物に係る配偶者居住権を取得したときは、配偶者短期居住権は、消滅する。	（新設）
（居住建物の返還等） 第1040条　配偶者は、前条に規定する場合を除き、配偶者短期居住権が消滅したときは、居住建物の返還をしなければならない。ただし、配偶者が居住建物について共有持分を有する場合は、居住建物取得者は、配偶者短期居住権が消滅したことを理由としては、居住建物の返還を求めることができない。 ２　第599条第１項及び第２項並びに第621条の規定は、前項本文の規定により配偶者が相続の開始後に附	（新設）

改正後	改正前
属させた物がある居住建物又は相続の開始後に生じた損傷がある居住建物の返還をする場合について準用する。 （使用貸借等の規定の準用） 第1041条　第597条第3項、第600条、第616条の2、第1032条第2項、第1033条及び第1034条の規定は、配偶者短期居住権について準用する。	（新設）
第9章　遺留分 （遺留分の帰属及びその割合） 第1042条　兄弟姉妹以外の相続人は、遺留分として、次条第1項に規定する遺留分を算定するための財産の価額に、次の各号に掲げる区分に応じてそれぞれ当該各号に定める割合を乗じた額を受ける。 一　直系尊属のみが相続人である場合　被相続人の財産の3分の1 二　前号に掲げる場合以外の場合　被相続人の財産の2分の1	第8章　遺留分 （遺留分の帰属及びその割合） 第1028条　兄弟姉妹以外の相続人は、遺留分として、次の各号に掲げる区分に応じてそれぞれ当該各号に定める割合に相当する額を受ける。 一　直系尊属のみが相続人である場合　被相続人の財産の3分の1 二　前号に掲げる場合以外の場合　被相続人の財産の2分の1
2　相続人が数人ある場合には、前項各号に定める割合は、これらに第900条及び第901条の規定により算定したその各自の相続分を乗じた割合とする。	（新設）
（遺留分の算定） 第1043条　遺留分を算定するための財産の価額は、被相続人が相続開始	（遺留分の算定） 第1029条　遺留分は、被相続人が相続開始の時において有した財産の価

改正後	改正前
の時において有した財産の価額にその贈与した財産の価額を加えた額から債務の全額を控除して、これを算定する。 2　条件付きの権利又は存続期間の不確定な権利は、家庭裁判所が選任した鑑定人の評価に従って、その価格を定める。 第1044条　贈与は、相続開始前の1年間にしたものに限り、前条の規定によりその価額を算入する。当事者双方が遺留分権利者に損害を加えることを知って贈与をしたときは、1年前の日より前にしたものについても、同様とする。 2　第904条の規定は、前項に規定する贈与の価額について準用する。 3　相続人に対する贈与についての第1項の規定の適用については、同項中「1年」とあるのは「10年」と、「価額」とあるのは「価額（婚姻若しくは養子縁組のため又は生計の資本として受けた贈与の価額に限る。）」とする。 （削る）	額にその贈与した財産の価額を加えた額から債務の全額を控除して、これを算定する。 2　条件付きの権利又は存続期間の不確定な権利は、家庭裁判所が選任した鑑定人の評価に従って、その価格を定める。 第1030条　贈与は、相続開始前の1年間にしたものに限り、前条の規定によりその価額を算入する。当事者双方が遺留分権利者に損害を加えることを知って贈与をしたときは、1年前の日より前にしたものについても、同様とする。 （新設） （新設） （遺贈又は贈与の減殺請求） 第1031条　遺留分権利者及びその承継人は、遺留分を保全するのに必要な限度で、遺贈及び前条に規定する贈与の減殺を請求することができる。

改　正　後	改　正　前
（削る）	<u>（条件付権利等の贈与又は遺贈の一部の減殺）</u> <u>第1032条</u>　<u>条件付きの権利又は存続期間の不確定な権利を贈与又は遺贈の目的とした場合において、その贈与又は遺贈の一部を減殺すべきときは、遺留分権利者は、第1029条第2項の規定により定めた価格に従い、直ちにその残部の価額を受贈者又は受遺者に給付しなければならない。</u>
（削る）	<u>（贈与と遺贈の減殺の順序）</u> <u>第1033条</u>　<u>贈与は、遺贈を減殺した後でなければ、減殺することができない。</u>
（削る）	<u>（遺贈の減殺の割合）</u> <u>第1034条</u>　<u>遺贈は、その目的の価額の割合に応じて減殺する。ただし、遺言者がその遺言に別段の意思を表示したときは、その意思に従う。</u>
（削る）	<u>（贈与の減殺の順序）</u> <u>第1035条</u>　<u>贈与の減殺は、後の贈与から順次前の贈与に対してする。</u>
（削る）	<u>（受贈者による果実の返還）</u> <u>第1036条</u>　<u>受贈者は、その返還すべき財産のほか、減殺の請求があった日以後の果実を返還しなければならない。</u>

改正後	改正前
（削る）	(受贈者の無資力による損失の負担) 第1037条　減殺を受けるべき受贈者の無資力によって生じた損失は、遺留分権利者の負担に帰する。
（削る）	(負担付贈与の減殺請求) 第1038条　負担付贈与は、その目的の価額から負担の価額を控除したものについて、その減殺を請求することができる。
(不相当な対価による有償行為) 第1045条　負担付贈与がされた場合における第1043条第1項に規定する贈与した財産の価額は、その目的の価額から負担の価額を控除した額とする。 2　不相当な対価をもってした有償行為は、当事者双方が遺留分権利者に損害を加えることを知ってしたものに限り、当該対価を負担の価額とする負担付贈与とみなす。	(不相当な対価による有償行為) 第1039条　（新設） 2　不相当な対価をもってした有償行為は、当事者双方が遺留分権利者に損害を加えることを知ってしたものに限り、これを贈与とみなす。この場合において、遺留分権利者がその減殺を請求するときは、その対価を償還しなければならない。
(遺留分侵害額の請求) 第1046条　遺留分権利者及びその承継人は、受遺者（特定財産承継遺言により財産を承継し又は相続分の指定を受けた相続人を含む。以下この章において同じ。）又は受贈者に対し、遺留分侵害額に相当する金銭の支払を請求することができる。	（新設）

改　正　後	改　正　前
<u>2　遺留分侵害額は、第1042条の規定による遺留分から第1号及び第2号に掲げる額を控除し、これに第3号に掲げる額を加算して算定する。</u> <u>一　遺留分権利者が受けた遺贈又は第903条第1項に規定する贈与の価額</u> <u>二　第900条から第902条まで、第903条及び第904条の規定により算定した相続分に応じて遺留分権利者が取得すべき遺産の価額</u> <u>三　被相続人が相続開始の時において有した債務のうち、第899条の規定により遺留分権利者が承継する債務（次条第3項において「遺留分権利者承継債務」という。）の額</u> <u>(受遺者又は受贈者の負担額)</u> <u>第1047条　受遺者又は受贈者は、次の各号の定めるところに従い、遺贈（特定財産承継遺言による財産の承継又は相続分の指定による遺産の取得を含む。以下この章において同じ。）又は贈与（遺留分を算定するための財産の価額に算入されるものに限る。以下この章において同じ。）の目的の価額（受遺者又は受贈者が相続人である場合にあっては、当該価額から第1042条の規定による遺留分として当該相続人が受けるべき額を控除した額）を限度として、遺留分侵害額を負担する。</u>	（新設）

改 正 後	改 正 前
<u>二　受遺者と受贈者とがあるときは、受遺者が先に負担する。</u> <u>三　受遺者が複数あるとき、又は受贈者が複数ある場合においてその贈与が同時にされたものであるときは、受遺者又は受贈者がその目的の価額の割合に応じて負担する。ただし、遺言者がその遺言に別段の意思を表示したときは、その意思に従う。</u> <u>三　受贈者が複数あるとき（前号に規定する場合を除く。）は、後の贈与に係る受贈者から順次前の贈与に係る受贈者が負担する。</u> 2　第904条、第1043条第2項及び第1045条の規定は、前項に規定する遺贈又は贈与の目的の価額について準用する。 3　前条第1項の請求を受けた受遺者又は受贈者は、遺留分権利者承継債務について弁済その他の債務を消滅させる行為をしたときは、消滅した債務の額の限度において、遺留分権利者に対する意思表示によって第1項の規定により負担する債務を消滅させることができる。この場合において、当該行為によって遺留分権利者に対して取得した求償権は、消滅した当該債務の額の限度において消滅する。 4　受遺者又は受贈者の無資力によって生じた損失は、遺留分権利者の負担に帰する。	

改正後	改正前
<u>5　裁判所は、受遺者又は受贈者の請求により、第1項の規定により負担する債務の全部又は一部の支払につき相当の期限を許与することができる。</u>	
（削る）	<u>（受贈者が贈与の目的を譲渡した場合等）</u> <u>第1040条</u>　減殺を受けるべき受贈者が贈与の目的を他人に譲り渡したときは、遺留分権利者にその価額を弁償しなければならない。ただし、譲受人が譲渡の時において遺留分権利者に損害を加えることを知っていたときは、遺留分権利者は、これに対しても減殺を請求することができる。 2　前項の規定は、受贈者が贈与の目的につき権利を設定した場合について準用する。
（削る）	<u>（遺留分権利者に対する価額による弁償）</u> <u>第1041条</u>　受贈者及び受遺者は、減殺を受けるべき限度において、贈与又は遺贈の目的の価額を遺留分権利者に弁償して返還の義務を免れることができる。 2　前項の規定は、前条第1項ただし書の場合について準用する。
（減殺請求権の期間の制限） 第1048条　<u>遺留分侵害額</u>の請求権は、遺留分権利者が、相続の開始及<u>び遺留分を侵害する贈与又は遺贈</u>が	（減殺請求権の期間の制限） 第1042条　減殺の請求権は、遺留分権利者が、相続の開始及<u>び減殺すべき贈与又は遺贈</u>があったことを知っ

改　正　後	改　正　前
あったことを知った時から１年間行使しないときは、時効によって消滅する。相続開始の時から10年を経過したときも、同様とする。 （遺留分の放棄） <u>第1049条</u>　相続の開始前における遺留分の放棄は、家庭裁判所の許可を受けたときに限り、その効力を生ずる。 2　共同相続人の一人のした遺留分の放棄は、他の各共同相続人の遺留分に影響を及ぼさない。 （削る）	た時から１年間行使しないときは、時効によって消滅する。相続開始の時から10年を経過したときも、同様とする。 （遺留分の放棄） 第1043条　相続の開始前における遺留分の放棄は、家庭裁判所の許可を受けたときに限り、その効力を生ずる。 2　共同相続人の一人のした遺留分の放棄は、他の各共同相続人の遺留分に影響を及ぼさない。 <u>（代襲相続及び相続分の規定の準用）</u> <u>第1044条</u>　<u>第887条第２項及び第３項、第900条、第901条、第903条並びに第904条の規定は、遺留分について準用する。</u>
第10章　特別の寄与 <u>第1050条</u>　<u>被相続人に対して無償で療養看護その他の労務の提供をしたことにより被相続人の財産の維持又は増加について特別の寄与をした被相続人の親族（相続人、相続の放棄をした者及び第891条の規定に該当し又は廃除によってその相続権を失った者を除く。以下この条において「特別寄与者」という。）は、相続の開始後、相続人に対し、特別寄与者の寄与に応じた額の金銭（以下この条において「特別寄与料」という。）の支払を請求することができる。</u>	（新設）

改 正 後	改 正 前
<u>2 前項の規定による特別寄与料の支払について、当事者間に協議が調わないとき、又は協議をすることができないときは、特別寄与者は、家庭裁判所に対して協議に代わる処分を請求することができる。ただし、特別寄与者が相続の開始及び相続人を知った時から6箇月を経過したとき、又は相続開始の時から1年を経過したときは、この限りでない。</u> <u>3 前項本文の場合には、家庭裁判所は、寄与の時期、方法及び程度、相続財産の額その他一切の事情を考慮して、特別寄与料の額を定める。</u> <u>4 特別寄与料の額は、被相続人が相続開始の時において有した財産の価額から遺贈の価額を控除した残額を超えることができない。</u> <u>5 相続人が数人ある場合には、各相続人は、特別寄与料の額に第900条から第902条までの規定により算定した当該相続人の相続分を乗じた額を負担する。</u>	

3　家事事件手続法（平成23年法律第52号）の一部改正

改　正　後	改　正　前
目次 　第2編　家事審判に関する手続 　　第2章　家事審判事件 　　　<u>第18節　遺留分に関する審判事件（第216条）</u> 　　　<u>第18節の2　特別の寄与に関する審判事件（第216条の2—第216条の5）</u>	目次 　第2編　家事審判に関する手続 　　第2章　家事審判事件 　　　<u>第18節　遺留分に関する審判事件（第216条）</u> 　　　（新設）
（相続に関する審判事件の管轄権） 第3条の11　裁判所は、相続に関する審判事件（別表第1の86の項から110の項まで及び133の項並びに別表第2の11の項から<u>15の項まで</u>の事項についての審判事件をいう。）について、相続開始の時における被相続人の住所が日本国内にあるとき、住所がない場合又は住所が知れない場合には相続開始の時における被相続人の居所が日本国内にあるとき、居所がない場合又は居所が知れない場合には被相続人が相続開始の前に日本国内に住所を有していたとき（日本国内に最後に住所を有していた後に外国に住所を有していたときを除く。）は、管轄権を有する。 2　相続開始の前に推定相続人の廃除の審判事件（別表第1の86の項の事項についての審判事件をいう。以下同じ。）、推定相続人の廃除の審判	（相続に関する審判事件の管轄権） 第3条の11　裁判所は、相続に関する審判事件（別表第1の86の項から110の項まで及び133の項並びに別表第2の11の項から<u>14の項まで</u>の事項についての審判事件をいう。）について、相続開始の時における被相続人の住所が日本国内にあるとき、住所がない場合又は住所が知れない場合には相続開始の時における被相続人の居所が日本国内にあるとき、居所がない場合又は居所が知れない場合には被相続人が相続開始の前に日本国内に住所を有していたとき（日本国内に最後に住所を有していた後に外国に住所を有していたときを除く。）は、管轄権を有する。 2　相続開始の前に推定相続人の廃除の審判事件（別表第1の86の項の事項についての審判事件をいう。以下同じ。）、推定相続人の廃除の審判

改正後	改正前
の取消しの審判事件（同表の87の項の事項についての審判事件をいう。第188条第1項及び第189条第1項において同じ。）、遺言の確認の審判事件（同表の102の項の事項についての審判事件をいう。第209条第2項において同じ。）又は遺留分の放棄についての許可の審判事件（同表の110の項の事項についての審判事件をいう。第216条第1項第2号において同じ。）の申立てがあった場合における前項の規定の適用については、同項中「相続開始の時における被相続人」とあるのは「被相続人」と、「相続開始の前」とあるのは「申立て前」とする。 3　裁判所は、第1項に規定する場合のほか、推定相続人の廃除の審判又はその取消しの審判の確定前の遺産の管理に関する処分の審判事件（別表第1の88の項の事項についての審判事件をいう。第189条第1項及び第2項において同じ。）、相続財産の保存又は管理に関する処分の審判事件（同表の90の項の事項についての審判事件をいう。第201条第10項において同じ。）、限定承認を受理した場合における相続財産の管理人の選任の審判事件（同表の94の項の事項についての審判事件をいう。）、財産分離の請求後の相続財産の管理に関する処分の審判事件（同表の97の項の事項についての審	の取消しの審判事件（同表の87の項の事項についての審判事件をいう。第188条第1項及び第189条第1項において同じ。）、遺言の確認の審判事件（同表の102の項の事項についての審判事件をいう。第209条第2項において同じ。）又は遺留分の放棄についての許可の審判事件（同表の110の項の事項についての審判事件をいう。第216条第1項第2号において同じ。）の申立てがあった場合における前項の規定の適用については、同項中「相続開始の時における被相続人」とあるのは「被相続人」と、「相続開始の前」とあるのは「申立て前」とする。 3　裁判所は、第1項に規定する場合のほか、推定相続人の廃除の審判又はその取消しの審判の確定前の遺産の管理に関する処分の審判事件（別表第1の88の項の事項についての審判事件をいう。第189条第1項及び第2項において同じ。）、相続財産の保存又は管理に関する処分の審判事件（同表の90の項の事項についての審判事件をいう。第201条第10項において同じ。）、限定承認を受理した場合における相続財産の管理人の選任の審判事件（同表の94の項の事項についての審判事件をいう。）、財産分離の請求後の相続財産の管理に関する処分の審判事件（同表の97の項の事項についての審判

改正後	改正前
事件をいう。第202条第1項第2号及び第3項において同じ。）及び相続人の不存在の場合における相続財産の管理に関する処分の審判事件（同表の99の項の事項についての審判事件をいう。以下同じ。）について、相続財産に属する財産が日本国内にあるときは、管轄権を有する。 4　当事者は、合意により、いずれの国の裁判所に遺産の分割に関する審判事件（別表第2の12の項から14の項までの事項についての審判事件をいう。第3条の14及び第191条第1項において同じ。）及び特別の寄与に関する処分の審判事件（同表の15の項の事項についての審判事件をいう。第3条の14及び第216条の2において同じ。）の申立てをすることができるかについて定めることができる。 5　民事訴訟法（平成8年法律第109号）第3条の7第2項から第4項までの規定は、前項の合意について準用する。 （特別の事情による申立ての却下） 第3条の14　裁判所は、第3条の2から前条までに規定する事件について日本の裁判所が管轄権を有することとなる場合（遺産の分割に関する審判事件又は特別の寄与に関する処分の審判事件について、日本の裁判所にのみ申立てをすることができる旨	事件をいう。第202条第1項第2号及び第3項において同じ。）及び相続人の不存在の場合における相続財産の管理に関する処分の審判事件（同表の99の項の事項についての審判事件をいう。以下同じ。）について、相続財産に属する財産が日本国内にあるときは、管轄権を有する。 4　当事者は、合意により、いずれの国の裁判所に遺産の分割に関する審判事件（別表第2の12の項から14の項までの事項についての審判事件をいう。第3条の14及び第191条第1項において同じ。）の申立てをすることができるかについて定めることができる。 5　民事訴訟法（平成8年法律第109号）第3条の7第2項から第4項までの規定は、前項の合意について準用する。 （特別の事情による申立ての却下） 第3条の14　裁判所は、第3条の2から前条までに規定する事件について日本の裁判所が管轄権を有することとなる場合（遺産の分割に関する審判事件について、日本の裁判所にのみ申立てをすることができる旨の合意に基づき申立てがされた場合を除

改　正　後	改　正　前
の合意に基づき申立てがされた場合を除く。）においても、事案の性質、申立人以外の事件の関係人の負担の程度、証拠の所在地、未成年者である子の利益その他の事情を考慮して、日本の裁判所が審理及び裁判をすることが適正かつ迅速な審理の実現を妨げ、又は相手方がある事件について申立人と相手方との間の衡平を害することとなる特別の事情があると認めるときは、その申立ての全部又は一部を却下することができる。	く。）においても、事案の性質、申立人以外の事件の関係人の負担の程度、証拠の所在地、未成年者である子の利益その他の事情を考慮して、日本の裁判所が審理及び裁判をすることが適正かつ迅速な審理の実現を妨げ、又は相手方がある事件について申立人と相手方との間の衡平を害することとなる特別の事情があると認めるときは、その申立ての全部又は一部を却下することができる。
（遺産の分割の審判事件を本案とする保全処分）	（遺産の分割の審判事件を本案とする保全処分）
第200条　家庭裁判所（第百5条第2項の場合にあっては、高等裁判所。次項及び第3項において同じ。）は、遺産の分割の審判又は調停の申立てがあった場合において、財産の管理のため必要があるときは、申立てにより又は職権で、担保を立てさせないで、遺産の分割の申立てについての審判が効力を生ずるまでの間、財産の管理者を選任し、又は事件の関係人に対し、財産の管理に関する事項を指示することができる。	第200条　家庭裁判所（第105条第2項の場合にあっては、高等裁判所。次項において同じ。）は、遺産の分割の審判又は調停の申立てがあった場合において、財産の管理のため必要があるときは、申立てにより又は職権で、担保を立てさせないで、遺産の分割の申立てについての審判が効力を生ずるまでの間、財産の管理者を選任し、又は事件の関係人に対し、財産の管理に関する事項を指示することができる。
2　家庭裁判所は、遺産の分割の審判又は調停の申立てがあった場合において、強制執行を保全し、又は事件の関係人の急迫の危険を防止するため必要があるときは、当該申立てを	2　家庭裁判所は、遺産の分割の審判又は調停の申立てがあった場合において、強制執行を保全し、又は事件の関係人の急迫の危険を防止するため必要があるときは、当該申立てを

改　正　後	改　正　前
した者又は相手方の申立てにより、遺産の分割の審判を本案とする仮差押え、仮処分その他の必要な保全処分を命ずることができる。	した者又は相手方の申立てにより、遺産の分割の審判を本案とする仮差押え、仮処分その他の必要な保全処分を命ずることができる。
3　<u>前項に規定するもののほか、家庭裁判所は、遺産の分割の審判又は調停の申立てがあった場合において、相続財産に属する債務の弁済、相続人の生活費の支弁その他の事情により遺産に属する預貯金債権（民法第466条の5第1項に規定する預貯金債権をいう。以下この項において同じ。）を当該申立てをした者又は相手方が行使する必要があると認めるときは、その申立てにより、遺産に属する特定の預貯金債権の全部又は一部をその者に仮に取得させることができる。ただし、他の共同相続人の利益を害するときは、この限りでない。</u>	(新設)
4　第125条第1項から第6項までの規定及び民法第27条から第29条まで（同法第27条第2項を除く。）の規定は、第1項の財産の管理者について準用する。この場合において、第125条第3項中「成年被後見人の財産」とあるのは、「遺産」と読み替えるものとする。	3　第125条第1項から第6項までの規定及び民法第27条から第29条まで（同法第27条第2項を除く。）の規定は、第1項の財産の管理者について準用する。この場合において、第125条第3項中「成年被後見人の財産」とあるのは、「遺産」と読み替えるものとする。
（遺言執行者の解任の審判事件を本案とする保全処分） 第215条　家庭裁判所（第105条第2項の場合にあっては、高等裁判所。	（遺言執行者の解任の審判事件を本案とする保全処分） 第215条　家庭裁判所（第105条第2項の場合にあっては、高等裁判所。

改正後	改正前
第3項及び第4項において同じ。）は、遺言執行者の解任の申立てがあった場合において、<u>遺言の内容の実現</u>のため必要があるときは、当該申立てをした者の申立てにより、遺言執行者の解任の申立てについての審判が効力を生ずるまでの間、遺言執行者の職務の執行を停止し、又はその職務代行者を選任することができる。 2　前項の規定による遺言執行者の職務の執行を停止する審判は、職務の執行を停止される遺言執行者、他の遺言執行者又は同項の規定により選任した職務代行者に告知することによって、その効力を生ずる。 3　家庭裁判所は、いつでも、第1項の規定により選任した職務代行者を改任することができる。 4　家庭裁判所は、第1項の規定により選任し、又は前項の規定により改任した職務代行者に対し、相続財産の中から、相当な報酬を与えることができる。 　　　第18節　遺留分に関する審判事件 第216条　次の各号に掲げる審判事件は、当該各号に定める地を管轄する家庭裁判所の管轄に属する。 　一　遺留分を算定する<u>ための財産の価額を定める場合</u>における鑑定人の選任の審判事件（別表第1の	第3項及び第4項において同じ。）は、遺言執行者の解任の申立てがあった場合において、<u>相続人の利益</u>のため必要があるときは、当該申立てをした者の申立てにより、遺言執行者の解任の申立てについての審判が効力を生ずるまでの間、遺言執行者の職務の執行を停止し、又はその職務代行者を選任することができる。 2　前項の規定による遺言執行者の職務の執行を停止する審判は、職務の執行を停止される遺言執行者、他の遺言執行者又は同項の規定により選任した職務代行者に告知することによって、その効力を生ずる。 3　家庭裁判所は、いつでも、第1項の規定により選任した職務代行者を改任することができる。 4　家庭裁判所は、第1項の規定により選任し、又は前項の規定により改任した職務代行者に対し、相続財産の中から、相当な報酬を与えることができる。 　　　第18節　遺留分に関する審判事件 第216条　次の各号に掲げる審判事件は、当該各号に定める地を管轄する家庭裁判所の管轄に属する。 　一　遺留分を算定する場合における鑑定人の選任の審判事件（別表第1の109の項の事項についての審

改　正　後	改　正　前
109の項の事項についての審判事件をいう。）　相続が開始した地 二　遺留分の放棄についての許可の審判事件（別表第１の110の項の事項についての審判事件をいう。）　被相続人の住所地 2　遺留分の放棄についての許可の申立てをした者は、申立てを却下する審判に対し、即時抗告をすることができる。	判事件をいう。）　相続が開始した地 二　遺留分の放棄についての許可の審判事件（別表第１の110の項の事項についての審判事件をいう。）　被相続人の住所地 2　遺留分の放棄についての許可の申立てをした者は、申立てを却下する審判に対し、即時抗告をすることができる。
<u>　　　　第18節の２　特別の寄与に関する審判事件</u> <u>（管轄）</u> <u>第216条の２　特別の寄与に関する処分の審判事件は、相続が開始した地を管轄する家庭裁判所の管轄に属する。</u>	（新設）
<u>（給付命令）</u> <u>第216条の３　家庭裁判所は、特別の寄与に関する処分の審判において、当事者に対し、金銭の支払を命ずることができる。</u>	（新設）
<u>（即時抗告）</u> <u>第216条の４　次の各号に掲げる審判に対しては、当該各号に定める者は、即時抗告をすることができる。</u> <u>　一　特別の寄与に関する処分の審判　　　申立人及び相手方</u> <u>　二　特別の寄与に関する処分の申立てを却下する審判　申立人</u>	（新設）

改　正　後	改　正　前
<u>(特別の寄与に関する審判事件を本案とする保全処分)</u> <u>第216条の5</u>　家庭裁判所（第105条第2項の場合にあっては、高等裁判所）は、特別の寄与に関する処分についての審判又は調停の申立てがあった場合において、強制執行を保全し、又は申立人の急迫の危険を防止するため必要があるときは、当該申立てをした者の申立てにより、特別の寄与に関する処分の審判を本案とする仮差押え、仮処分その他の必要な保全処分を命ずることができる。	(新設)
第233条　請求すべき按分割合に関する処分の審判事件（<u>別表第2の16</u>の項の事項についての審判事件をいう。）は、申立人又は相手方の住所地を管轄する家庭裁判所の管轄に属する。 2　申立人及び相手方は、請求すべき按分割合に関する処分の審判及びその申立てを却下する審判に対し、即時抗告をすることができる。 3　請求すべき按分割合に関する処分の審判の手続については、第68条第2項の規定は、適用しない。	第233条　請求すべき按分割合に関する処分の審判事件（<u>別表第2の15</u>の項の事項についての審判事件をいう。）は、申立人又は相手方の住所地を管轄する家庭裁判所の管轄に属する。 2　申立人及び相手方は、請求すべき按分割合に関する処分の審判及びその申立てを却下する審判に対し、即時抗告をすることができる。 3　請求すべき按分割合に関する処分の審判の手続については、第68条第2項の規定は、適用しない。
第240条　施設への入所等についての許可の審判事件（別表第1の129の項の事項についての審判事件をいう。第3項において同じ。）は、被	第240条　施設への入所等についての許可の審判事件（別表第1の129の項の事項についての審判事件をいう。第3項において同じ。）は、被

改正後	改正前
保護者の住所地を管轄する家庭裁判所の管轄に属する。 2　扶養義務者の負担すべき費用額の確定の審判事件（<u>別表第2の17の項</u>の事項についての審判事件をいう。）は、扶養義務者（数人に対する申立てに係るものにあっては、そのうちの1人）の住所地を管轄する家庭裁判所の管轄に属する。 3　第118条の規定は、施設への入所等についての許可の審判事件における被保護者、被保護者に対し親権を行う者及び被保護者の後見人について準用する。 4　家庭裁判所は、施設への入所等についての許可の申立てについての審判をする場合には、申立てが不適法であるとき又は申立てに理由がないことが明らかなときを除き、被保護者（15歳以上のものに限る。）、被保護者に対し親権を行う者及び被保護者の後見人の陳述を聴かなければならない。 5　施設への入所等についての許可の審判は、第74条第1項に規定する者のほか、被保護者に対し親権を行う者及び被保護者の後見人に告知しなければならない。 6　次の各号に掲げる審判に対しては、当該各号に定める者は、即時抗告をすることができる。 　一　施設への入所等についての許可の審判　被保護者に対し親権を行	保護者の住所地を管轄する家庭裁判所の管轄に属する。 2　扶養義務者の負担すべき費用額の確定の審判事件（<u>別表第2の16の項</u>の事項についての審判事件をいう。）は、扶養義務者（数人に対する申立てに係るものにあっては、そのうちの1人）の住所地を管轄する家庭裁判所の管轄に属する。 3　第118条の規定は、施設への入所等についての許可の審判事件における被保護者、被保護者に対し親権を行う者及び被保護者の後見人について準用する。 4　家庭裁判所は、施設への入所等についての許可の申立てについての審判をする場合には、申立てが不適法であるとき又は申立てに理由がないことが明らかなときを除き、被保護者（15歳以上のものに限る。）、被保護者に対し親権を行う者及び被保護者の後見人の陳述を聴かなければならない。 5　施設への入所等についての許可の審判は、第74条第1項に規定する者のほか、被保護者に対し親権を行う者及び被保護者の後見人に告知しなければならない。 6　次の各号に掲げる審判に対しては、当該各号に定める者は、即時抗告をすることができる。 　一　施設への入所等についての許可の審判　被保護者に対し親権を行

改　正　後	改　正　前
う者及び被保護者の後見人 　二　施設への入所等についての許可の申立てを却下する審判　申立人 　三　扶養義務者の負担すべき費用額の確定の審判及びその申立てを却下する審判　申立人及び相手方	う者及び被保護者の後見人 　二　施設への入所等についての許可の申立てを却下する審判　申立人 　三　扶養義務者の負担すべき費用額の確定の審判及びその申立てを却下する審判　申立人及び相手方

改正後

別表第一（略）

項	事項	根拠となる法律の規定
略		
109	遺留分の算定するための財産の価額を定める場合における鑑定人の選任	民法第1043条第2項
110	遺留分の放棄についての許可	民法第1049条第1項
（略）		

別表第二

項	事項	根拠となる法律の規定
略		
遺産の分割		
12	遺産の分割	民法第907条第2項
13	遺産の分割の禁止	民法第907条第3項
14	寄与分を定める処分	民法第904条の2第2項
特別の寄与		
15	特別の寄与に関する処分	民法第1050条第2項
略		

改正前

別表第一（略）

項	事項	根拠となる法律の規定
略		
109	遺留分の算定する場合における鑑定人の選任	民法第1029条第2項
110	遺留分の放棄についての許可	民法第1043条第1項
（略）		

別表第二

項	事項	根拠となる法律の規定
略		
遺産の分割		
12	遺産の分割	民法第907条第2項
13	遺産の分割の禁止	民法第907条第3項
14	寄与分を定める処分	民法第904条の2第2項
新設		
新設	新設	新設
略		

附　則（抄）^{（注）}

（施行期日）

第1条　この法律は、公布の日から起算して1年を超えない範囲内において政令で定める日から施行する。ただし、次の各号に掲げる規定は、当該各号に定める日から施行する。

　一　附則第30条及び第31条の規定　公布の日

　二　第1条中民法第968条、第970条第2項及び第982条の改正規定並びに附則第6条の規定　公布の日から起算して6月を経過した日

　三　第1条中民法第998条、第1000条及び第1025条ただし書の改正規定並びに附則第7条及び第9条の規定　民法の一部を改正する法律（平成29年法律第44号）の施行の日

　四　第2条並びに附則第10条、第13条、第14条、第17条、第18条及び第23条から第26条までの規定　公布の日から起算して2年を超えない範囲内において政令で定める日

　五　第3条中家事事件手続法第3条の11及び第3条の14の改正規定並びに附則第11条第1項の規定　人事訴訟法等の一部を改正する法律（平成30年法律第20号）の施行の日又はこの法律の施行の日のいずれか遅い日

（民法の一部改正に伴う経過措置の原則）

第2条　この法律の施行の日（以下「施行日」という。）前に開始した相続については、この附則に特別の定めがある場合を除き、なお従前の例による。

（共同相続における権利の承継の対抗要件に関する経過措置）

第3条　第1条の規定による改正後の民法（以下「新民法」という。）第899条の2の規定は、施行日前に開始した相続に関し遺産の分割による債権の承継がされた場合において、施行日以後にその承継の通知がされるときにも、適用する。

（夫婦間における居住用不動産の遺贈又は贈与に関する経過措置）

第4条　新民法第903条第4項の規定は、施行日前にされた遺贈又は贈与については、適用しない。

（遺産の分割前における預貯金債権の行使に関する経過措置）

第5条　新民法第909条の2の規定は、施行日前に開始した相続に関し、施行日以後に預貯金債権が行使されるときにも、適用する。

2　施行日から附則第1条第3号に定める日の前日までの間における新民法第909条の2の規定の適用については、同条中「預貯金債権のうち」とあるのは、「預貯金債権（預金口座又は貯金口座に係る預金又は貯金に係る債権をいう。

以下同じ。）のうち」とする。
　（自筆証書遺言の方式に関する経過措置）
第6条　附則第1条第2号に掲げる規定の施行の日前にされた自筆証書遺言については、新民法第968条第2項及び第3項の規定にかかわらず、なお従前の例による。
　（遺贈義務者の引渡義務等に関する経過措置）
第7条　附則第1条第3号に掲げる規定の施行の日（以下「第3号施行日」という。）前にされた遺贈に係る遺贈義務者の引渡義務については、新民法第998条の規定にかかわらず、なお従前の例による。
2　第1条の規定による改正前の民法第1000条の規定は、第3号施行日前にされた第三者の権利の目的である財産の遺贈については、なおその効力を有する。
　（遺言執行者の権利義務等に関する経過措置）
第8条　新民法第1007条第2項及び第1012条の規定は、施行日前に開始した相続に関し、施行日以後に遺言執行者となる者にも、適用する。
2　新民法第1014条第2項から第4項までの規定は、施行日前にされた特定の財産に関する遺言に係る遺言執行者によるその執行については、適用しない。
3　施行日前にされた遺言に係る遺言執行者の復任権については、新民法第1016条の規定にかかわらず、なお従前の例による。
　（撤回された遺言の効力に関する経過措置）
第9条　第3号施行日前に撤回された遺言の効力については、新民法第1025条ただし書の規定にかかわらず、なお従前の例による。
　（配偶者の居住の権利に関する経過措置）
第10条　第2条の規定による改正後の民法（次項において「第4号新民法」という。）第1028条から第1041条までの規定は、次項に定めるものを除き、附則第1条第4号に掲げる規定の施行の日（以下この条において「第4号施行日」という。）以後に開始した相続について適用し、第4号施行日前に開始した相続については、なお従前の例による。
2　第4号新民法第1028条から第1036条までの規定は、第4号施行日前にされた遺贈については、適用しない。

（注）「民法及び家事事件手続法の一部を改正する法律」の附則のうち、重要と思われるものを抽出しています。

プロフィール

谷原　誠（たにはら　まこと）

1968年生まれ。明治大学法学部卒業。
弁護士、税理士
弁護士法人みらい総合法律事務所代表社員。
「税務のわかる弁護士が教える　税理士損害賠償請求の防ぎ方」（ぎょうせい）、「税理士に対する損害賠償請求に対する対応と予防策〜クライアントと契約書を締結する際の注意点」（税経通信2016年8月号）、その他実務書、ビジネス書など著書多数。

税務のわかる弁護士が教える
相続税業務に役立つ民法知識

平成30年10月30日　第1刷発行

著　者　谷原　誠

発　行　株式会社ぎょうせい

〒136-8575　東京都江東区新木場1-18-11
電話　編集　03-6892-6508
　　　営業　03-6892-6666
フリーコール　0120-953-431
URL:https://gyosei.jp

〈検印省略〉

印刷　ぎょうせいデジタル㈱
＊乱丁・落丁本はお取り替えいたします

©2018 Printed in Japan

ISBN978-4-324-10560-3
(5108471-00-000)
〔略号：弁護士相続〕